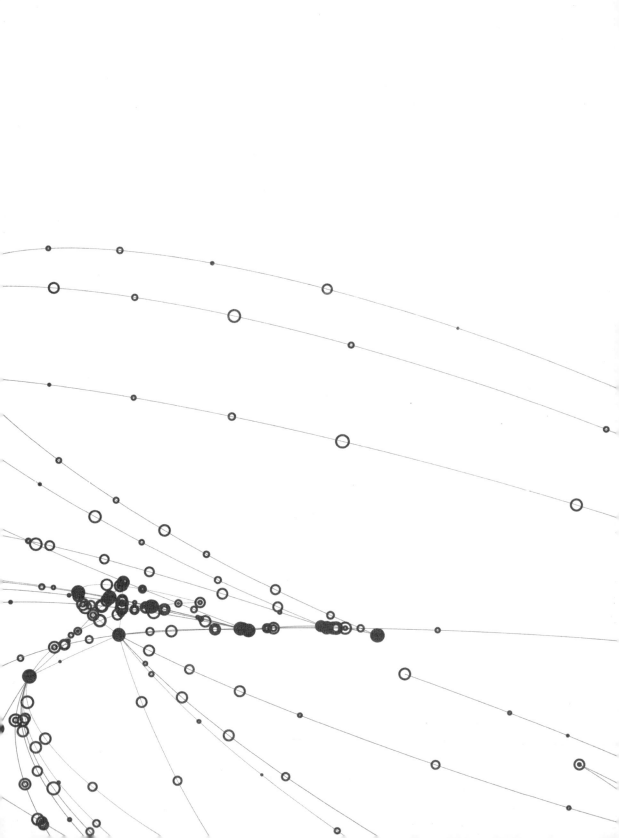

透视
互联网金融

何 珊 陈光磊 谌泽昊◎著

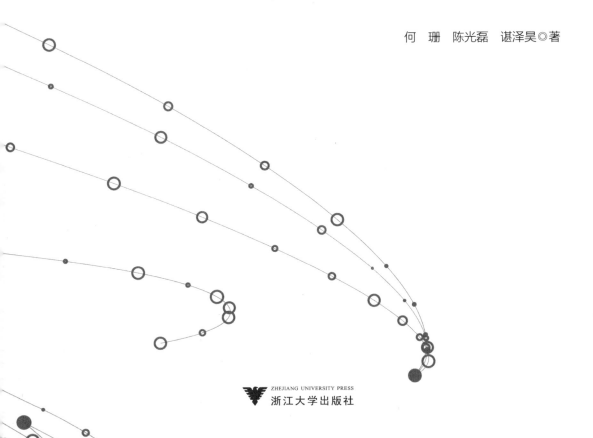

ZHEJIANG UNIVERSITY PRESS
浙江大学出版社

目录
contents

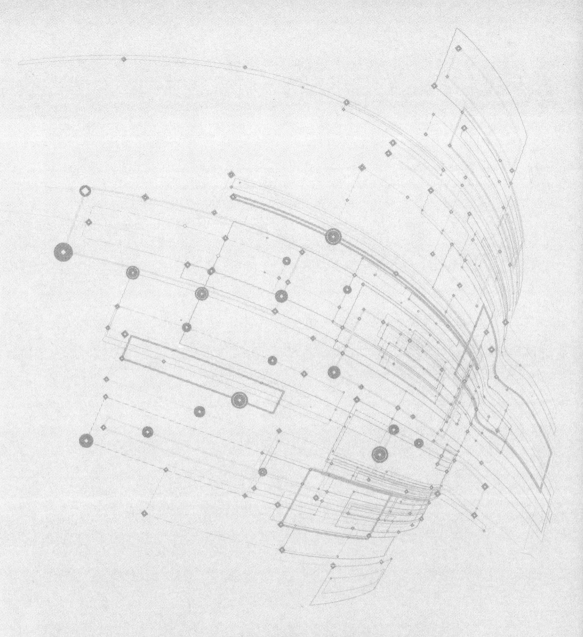

第一篇
| 重新解读互联网金融 |

第一章
互联网金融概述

第一节 | 互联网金融定义

"日光底下无新事"，我们眼前所发生的一切，不过是以前发生过的事情的翻版，互联网金融也不例外。从广义的金融角度上讲，第三方支付、在线理财产品的销售、信用评价审核、金融中介、金融电子商务等通过互联网实现资金融通的金融模式都是互联网金融。而从狭义的金融角度来看，互联网金融专指电商机构等非传统金融机构所提供的金融服务。我们认为创新主体或从业者身份并非问题的本质，即使是传统金融企业也可以涉足小额、分散的互联网金融，所以在本书中我们所指的是广义概念的互联网金融。

事实上，互联网金融是互联网与金融业融合的产物，本质依然是金融体系的一部分。但互联网金融并不是互联网和金融业的简单结合，它是一种借助互联网和移动通信技术实现资金融通、资金支付和信息中介功能的新兴金融模式①，是在各种新需求的推动下应运而生的。不同的行业相互结合能影响整个宏观格局，改变人们的生活，激发人们的热情——这就是创新：不断创造用户需求，满足用户需求，避开人们常走的大道，潜入森林，发现前所未见的东西。传统金融的信息筛选、风险控制和信用甄别模式等等都受到它的深刻影响，但互联网金融无法改变的是传统金融的本质属性，即金融交易仍然是基于信用的交换。

互联网金融模式要想获得成功，必须有几个前提：

首先，它需要有足够规模的互联网用户，否则将由于缺乏足够的用户群体而成为无源之水、无本之木。由于互联网用户基数巨大，哪怕参与互联网金融的人只有其中1‰或者更少，其规模也是巨大的，这为开辟新行业、提供新职位、鼓励创新提供了基础。所有看到这一商机的投资者都会纷纷涌入，凝聚成强大的力量，进而为互联网金融的蓬勃发展奠定坚实的基础。

其次，需要有足够的技术支持，保障数据能够被及时有效地处理，不会出现交易延迟或信息失真。金融的核心是通过数据处理和信息交换，减少交易成本来获利。互联网金融的本质依然是金融的一部分，但利用互联网能够弥补传统金融体系的不足，减少金融交易的成本和风险，扩大金融服务的边界。

信息时代每天都会产生海量的数据，问题的核心是如何快速从海量的数据中分离出有用的信息，并挖掘新信息的价值。大数据与云计算的关系就像一枚硬币的正反面一样密不可分，两者结合能实现数据的分布式处理，优化信息处理能力和流程，能从海量数据中快速挖掘出有价值的信息，消除横亘在网络环境和现实世界中的数据鸿沟。同时，互联网所秉持的"开放、平等、协作、分享"精神向传统金融业态渗透，这将对传统的金融模式产生巨

① 中国人民银行金融稳定分析小组：《中国金融稳定报告2014》，中国金融出版社，2014年。

大影响。借助互联网等工具，金融业务将具备透明度更高、参与度更高、协作性更好、中间成本更低、操作更便捷等一系列特点。互联网还解决了市场信息非对称性问题，让供需双方在极低的交易成本下直接交易，促进了经济效率的提升。

比如，互联网具有数据分布式汇聚、集中处理的优势，把互联网技术作为技术通道，整合销售服务，所有金融服务如保险、银行、证券、信托、期货等的前端都在网上实现，数据都集中到后台去处理，通过技术整合来提高效率，为用户提供更优质的服务。再如，在传统金融模式下，客户需要到银行办理业务，且对流程知之甚少；银行需要花费大量时间对用户进行指导，这种重复性工作极度影响效率。互联网金融发展的趋势是，凡是能够通过互联网完成的业务都可以在网上办理，这样透明度更高，还可以节省大量时间和成本。

第二节 | 互联网金融基本特征

互联网金融能对传统金融机构造成巨大冲击，究其原因是它迎合了创新时代人们对便利金融的需求。我们总是想实现这种便利性，但在互联网金融迅速普及并改变人们的生活之前，这种需求一直被压制，所以当它疾风骤雨般来到我们身边时，我们不吝给予它最高的赞美。就像一首诗里所说，"赞美这残缺的世界，和一只画眉掉下的灰色羽毛，和那游离、消失又重返的柔光"，虽然互联网金融并没有带来天翻地覆的改变，可就是这一点点改变也是那么令人心驰神往。

"创新时代实际上是信息时代的天然的伴随物。"而现在，问题的关键是如何利用新的信息去做新的事情，去改变人们的固有习惯和思考问题的方

式。当前的互联网金融，计算机系统能处理的金融交易已尽量不用人力，电子渠道销售的金融产品对网点销售构成极大威胁，远程集中处理的业务借助互联网极大地降低了人工和场地费用，银行传统的寻找目标客户的方式被移动互联网营销方式所替代。

我们认为互联网金融具有如下特征：

第一，互联网金融是知识经济、信息革命时代的新金融产物。工业时代的基本特征是机器取代人力，科技进步提高劳动生产率。传统的客户关系模式基本是一个封闭的系统，这种模式很难辐射到参与者外，影响范围有限，而在信息革命时代，信息化是金融演进的自然趋势，它超越了传统金融机构的客户关系模式，打造了去中心、客户互帮互联的沟通渠道，最后通过免费基本功能和增值服务模式来获利。2014年，在谷歌的开发者大会上有数据显示，谷歌的开发者们的收入98%不来自于他们的软件或者硬件，而来自于软件、硬件销售后的增值服务收入。

第二，互联网金融企业能够用很低的成本、很方便的方式直接接触客户，具有去中心化、以社区为经营方式、通过销售来获利的特点。传统金融机构仅作为组织者、平台的角色，它和客户之间的关系是基于利益交换的服务与被服务关系，而在互联网模式下，这一关系变成了客户和客户之间的关系，是平等关系。

第三，传统金融机构的经营活动是建立在信息不对称基础上，赚取信息不对称的差价，而互联网金融消除了这种不对称。

第四，联网跨时空性打通了物质世界和虚拟世界，能够提供24小时点对点的实时服务。互联网信息传播打破了时间和空间的限制，传统媒介会受时间、空间的限制，而网络传播在虚拟的空间里，不受这些维度的约束。

第五，在大数据时代，互联网提升与扩宽了金融机构与客户发生关系的频度和宽度，从而能够挖掘更多有用信息，为用户提供差异化定制服务。市场的主要特征是有一个相对突出的"头"，但是这部分人或事占比极小，处于相对平缓的部分叫做"尾"，基数巨大，但这部分是传统金融机构所忽视的群体。传统金融机构目标客户是少数高价值客户，金融机构是不会主动去挖掘处于长尾末端的客户的，因此适合这些客户的服务也很少被提供，但是互联网企业能以其极低的边际成本实现长尾集合。在网络时代，累积起来的"尾部"市场却是巨大的，甚至大大超过"头部"所累积的市场，具有极大的潜力。同时在互联网上，商品展示是基于二进制数据的，边际成本为零，通过互联网可以提供所有的产品，并为用户快速接受。市场将最大可能地为长尾顾客提供无尽的选择，挖掘消费潜力，扩大他们选择的自由。

第六，互联网重塑了公司形态和社群关系。新的互联网模式去毛利、去库存，甚至去管理，这使得公司的边界被打破，新的社群关系被建立起来，随之产生的社群经济是朋友之间的经济，通过朋友间互帮互联来提高用户数量和服务体验。社群内个体的行为会受到约束，并在共同体内形成利益最大化的行为规范。虽然网络共同体都是无形的、虚拟的，但这并不意味着这个共同体是没有秩序的、杂乱的、没有伦理约束的。相反，网络共同体的约束机制可能更为有效，违反网络共同体价值观的行为所受到的惩罚也许比现实世界中的惩罚更为严重。就像网络借贷，一旦借款人发生违约行为，他将永远失去其他成员的信任，从而被逐出网络借贷体系，再也无法利用这一模式获得贷款。因此，这种失信行为的代价是相当昂贵的，尤其是在征信体系逐渐建立并完善之后。

第七，互联网具有强大的网络外部效应。互联网上组织构架相对松散，人们活动范围大、感情亲密程度低、互惠程度低，这种联系较弱的人际交往纽带，被社会学家称为弱联系。通过弱联系的建立，信息可以传播得更快，这就解释了为什么生产环节的创新需要好几年，而互联网上的创新周期是短短数月甚至数周。某软件一旦被用户使用并推荐，就能通过强大的弱联

系网络迅速传播，一旦超过一定规模，用户数就会呈指数增长。强大的弱联系网络使互联网创意的投资回报周期更短，更能吸引到大规模风险资金，二者结合于互联网金融，就解释了为什么互联网金融在短短两年间就取得这么显著的成绩。

第三节｜互联网金融优势

互联网金融具有相对更低的成本

互联网金融的低成本体现在三个方面。

首先，对于客户来说，互联网金融服务具有更低的融资成本。传统金融以商业银行为媒介，资本市场以间接融资为主，即融资方必须通过银行作为中介才能向投资者融资。而在互联网金融模式下，投资者与融资方实现直接沟通，对于市场的参与主体而言，融资成本降低了。

其次，对于互联网金融企业而言，信息成本降低。传统金融机构例如银行等为了甄别客户的信用需要搜集大量的信息，这需要许多人力、物力、财力的投入，对于所获信息的加工又会产生较大的成本。而互联网金融却可以对客户在网络上留下的信息，通过专业的信息处理人员，利用云计算、大数据等技术方式进行分析处理，这样可以节约大量的信息成本。

最后，互联网金融企业具有更低的运营成本。我们知道，传统金融机构一般会设立许多实体网点，从而产生高额的运营成本，而互联网金融的运营基于网络，这样就大大降低了成本。

互联网金融突破时空限制，满足大众对便捷的金融服务的需求

在传统金融模式下，客户必须到金融网点才能办理相应的业务，互联网金融突破了传统银行业务在时间上的限制，实行7×24小时全天候运营，使金融业务更加贴近客户，更加方便客户。此外，随着云计算、大数据技术的应用，信息的收集、加工和传播日益迅速，金融市场的信息披露趋于充分和透明。

据中国互联网数据平台显示，2014年6月中国网民数量已达6.32亿，手机网民数5.27亿，2012年12月这一数字分别为5.64亿和4.2亿，我国手机网民数量在一年半的时间里增加1.07亿，增幅为25.5%。通过各种移动互联网应用如微信和微博等，金融市场的供需双方可以随时随地互相联系，直接进行信息沟通交流，而不需要中介机构参与其中，从而更加方便快捷。利用互联网，金融机构可以更加有效地获取客户需求，按需定制个性化产品，提供更好的用户体验，真正实现以客户为导向。

同时，互联网金融也打破了空间限制，使得客户足不出户就可以享受便捷的金融服务，节约了时间成本。在网络畅通的情况下，无论客户处于何时何地，只要通过鼠标的轻轻点击，便能很快地获得金融服务。互联网金融的方便、快捷、超时空等优点，极大地提高了金融运行的效率。通过互联网金融，用户可以享受到方便、快捷、高效和可靠的全方位服务。

互联网金融能适应客户和市场需求的不断创新

互联网金融以客户为中心的性质决定了它的创新性特征。

由于传统金融业在信息成本、交易成本等方面的劣势，其提供的产品大多是标准化的，很难满足客户的差异化需求。针对这一特点，通过创新，

互联网金融可以形成自己的比较优势，为自己赢得更多的客户，从而在金融市场上拥有独特的竞争力。这种创新可以体现在方方面面。在信贷业务中，互联网的大数据分析等技术大大降低了信息搜集和信用甄别的成本，使得借贷过程省去了许多烦琐的手续和流程；在支付领域，电子账单的横空出世使得机构和个人能够更方便、更安全、更有效地管理自己的账务；在资本市场上，股票、期货等金融交易均可以通过互联网来进行，买卖双方直接匹配，大大减少交易成本，从而提高资源配置的效率。

互联网中的大数据为这种创新提供了可能。通过对客户在网络上留下的信息进行数据挖掘等技术分析，互联网金融可以为客户提供个性化金融服务。创新产品多样化更能满足客户的独特需求，为那些在传统金融中无法享受个性化定制的客户提供更好的用户体验。

互联网金融能将风险控制得更低

金融风险来自于信息的非对称。金融机构作为债权人可能面临着债务人隐藏信息的道德风险，而互联网金融能够利用海量的数据对债务人客户进行分析，大数据和云计算等技术也让互联网金融对风险评估有更好的把握。我们可以看到，任何有资金需求的借款者的信息是给定的，通过对这些信息的分析，金融机构就可以通过借款者的风险特征计算借款者的违约概率，通过违约概率就可以决定合适的授信额度，传统金融的交易成本高，很难有效计算违约风险。因此，相比于传统金融机构而言，互联网金融的风险更低。

第四节｜互联网金融面临的风险

风险防范能力薄弱，制度建设不到位

无论是传统金融行业还是新兴互联网金融行业，都会在经营中面临风险，企业的风险防范能力关系到企业的健康发展。我国互联网金融已经发展壮大为金融市场上不可忽视的力量，无论业务规模还是市场占有率，在整个金融市场上都拥有重要的地位。然而，行业的迅速扩张是以占有用户、争夺市场占有率和利润为目标的，互联网金融企业的内控制度和风险防范能力被相对忽视，远跟不上业务和形势的发展。

以P2P网络贷款平台为例。因为涉及借贷关系，P2P网络贷款往往成为风险更高也更有吸引力的互联网金融模式，其相比传统信贷的优势在于信息相对对称、成本低以及效率高等，是一种借助互联网技术以实现阳光化借贷的民间借贷。其初衷是撮合交易，实现借贷信息的发布和发现，不吸收存款，不直接经手资金，借助交易手续费获利。这种模式本身不存在大的风险，但在实际操作中，面对激烈竞争和对超额利润的追求，不少借贷平台通过设计理财产品以吸收资金，开展资金池业务，提供担保借贷，甚至存在虚假许诺客户高收益等行为。有的借贷平台存在借贷信息不透明、非法集资和庞氏骗局的隐患，更有甚者，还动用放款人的资金，从事有风险业务投资。由于市场混乱、鱼龙混杂且管理无序，P2P行业爆发式增长大有步当年团购网站野蛮式扩张后尘的趋势。团购网站还只是用自有资金赌行业发展，P2P行业却牵涉企业、银行、客户等一系列关系，资金量大且关系错综复杂，如果许多风险不断积累并逐步暴露，对行业的打击将是致命的。

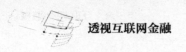

法规制度及监管处于真空状态

对互联网金融的监管也成了一个不可忽视的新课题。由于互联网金融的迅速发展，一系列问题还没有暴露，我国互联网金融的监管制度相对缺失，还处于探索阶段，既缺乏具体的监管主体，又缺乏行之有效的行业自律协会，监管部门各自为政，推诿塞责，没有完善的监管方案。仅有第三方支付领域处在央行有限的监管范围之内，可这种有限的监管又随着互联网金融不断创新而变得难以为继。互联网金融创新属于行业间集合创新，这势必还涉及监管协作问题。

互联网金融监管问题已经引起了国家相关部门的注意，央行将互联网金融定位为传统金融的补充，强调传统金融是主流，互联网金融不能碰非法吸储和非法集资两个底线。银监会提出了P2P监管的五大底线思维：明定位、不碰钱、有门槛、重透明、强自律。随着对互联网监管认识的深入，未来互联网金融的有效监管格局将会逐步完善。

目前与互联网金融相关的监管法律非常明显地滞后于互联网金融本身的发展。互联网金融在创新中诞生出的许多新的模式难以形成统一的分类与管理，因此，关于互联网金融监管的问题还有待进一步考察和研究。互联网金融打破时间和空间的限制，同时把许多在传统金融模式下难以享受到金融服务的客户涵盖其中，形成了广泛的客户群体，这就使得金融风险一旦发生，将会带来很大的负面影响。因此，在互联网金融机构加强自身的风险控制能力的同时，相关法律法规的建设也是刻不容缓。

金融消费权益保护工作面临诸多问题

在金融消费权益保护方面，首先值得一提的是客户信息安全问题。网上购物的长期发展和持续繁荣，为互联网企业累积了大量客户信用信息和交易记录，仅淘宝一家就积聚着数以亿计的交易客户，信息涵盖消费意识、现金储备、交易习惯等各方面。这些信息的获取是互联网企业开展金融业务的巨大优势。然而，客户的信息安全问题需要互联网金融企业完善自身信息保密机制，谨防信息被非法盗用。同时，作为新兴金融模式，目前许多互联网金融产品的风险防范措施还不够完善，而互联网企业的许多从业人员又缺乏相关的金融专业知识，使得在办理金融业务过程中如何防范互联网欺诈、互联网非法集资、互联网洗钱等犯罪活动亟需相关的法律规范来指导。而目前的互联网金融在这方面还几乎是一片空白，具有很大的发展空间，同时也需要相关政府部门做好金融消费者合法权益的保护工作。

互联网金融可能沦为洗钱等违法犯罪活动的工具

互联网金融业务具有匿名性和隐蔽性，这种方式存在很大弊端，互联网金融通过网络完成支付交易，资金流动更加隐蔽，为洗钱活动提供可乘之机。以比特币为例。比特币的特点是能够做到点对点支付，可以避开第三方机构，并且在支付过程中可以保证交易双方的信息不会泄露。这种匿名支付方式能够操作巨额资金，实现资金的快速分散和聚合，为秘密洗钱者提供难以跟踪察觉的洗钱渠道。

互联网金融存在技术性风险

技术性风险是几乎所有互联网业务的通病，主要体现在操作风险和安全风险两个方面。互联网金融依托于网络系统，网络系统是建立在虚拟数字基础上的，其自身的缺陷直接构成互联网金融风险。TCP/IP协议的安全问

题、计算机病毒、黑客攻击、人为使用不当等都会引起技术安全风险。目前互联网金融份额占整个金融业比重仍然较小，但互联网金融发展态势迅猛，业务领域拓展较快，加之少数互联网金融企业本着"先跑马圈地，再亡羊补牢"的思路，对风险防范考虑不够全面，没有引起足够重视，留下了很大的风险隐患。互联网本身就有传播面宽、传播速度快、数字化程度高、系统更复杂等特点，通常事先不易察觉到风险的存在，风险一旦发生却能引起剧烈连锁反应，给互联网金融行业造成严重危害，甚至会冲击传统金融体系的稳定。因此，对于互联网金融热潮中隐藏的技术性风险，必须高度重视。

互联网金融面临市场风险

互联网金融尽管实现了对传统金融的创新，但并没有也始终无法改变金融业的本质属性，资金融通依然是它的核心功能。因此，与传统金融业一样，互联网金融也必将面临利率风险、流动性风险等市场风险。货币市场基金最适合与支付挂钩，随着利率市场化的推进，利率波动区间的进一步放开，货币市场尤其是国债市场收益率曲线将发生不确定性的波动。如果传统金融机构通过上调存款利率而使收益水平达到互联网金融投资理财的收益水平，可能会吸引大量资金从互联网融资平台回流至传统金融机构，如此很可能引发流动性风险，此时如果恰值法定节假日等购物高峰时段，互联网企业所承诺的"T+0交易"就可能导致大规模赎回情况发生。由于互联网企业并不受资本充足率、准备金等监管制度约束，没有最后担保人，所以一旦出现挤兑问题，"蝴蝶效应"所引发的恐慌心理，将导致互联网金融危机范围迅速扩大，危及互联网金融企业的生存。[1]

---

① 高汉：《互联网金融的发展及其法制监管》，载《中州学刊》2014年第2期。

第五节 | 互联网金融的哲学思考——分布式去中心化时代

互联网与金融交织发展的现实突破，印证着前瞻哲学思考的真知灼见与超越时代的洞察。处在当今历史时点，认识、分析和运用好互联网金融，必须从哲学思考、系统思维、前瞻维度来认识互联网这一伟大的发明以及其与金融业交织发展而对经济、社会结构所带来的方方面面的变革性影响。

著名的硅谷思想家凯文·凯利在其于1994年出版的名著《失控》中阐发了众多关于社会进化，特别是互联网发展的"先知预言"。《失控》的一个重要贡献是提出智能是分布式存在的、去中心化的观点，并且举出蜘蛛、蜂群等无中心化的自然界例子来论证这一观点，作者甚至展望最高级、进化的产物都是"失控"的。书中涉及的内容纷繁复杂，小到一个蜂群、一组计算机代码、一个封闭试验基地，大到人类进化、人工智能、网络经济等等。凯文·凯利非常喜欢研究生物进化理论和生物技术，试图用这些关于生物的思想去分析未来的网络经济、物联网、人工进化等问题。

凯文·凯利在另一部作品《新经济，新规则》中提到，成功的企业难以逾越是因为其有"组合技能"，而其他企业只学到其中一两项技能是难以将其超越的。但企业无法永远凭借其"组合技能"取胜，一般而言，在"组合技能"中阻力最小、形式最新的边缘地带会出现边缘突破，并逐步发展最后颠覆中心地带，形成去中心化趋势。

面临互联网技术的发展与金融业务的拓展，许多二十年前乃至五年前都不可想象的变化已然切实地发生着。随着金融与互联网的交织发展，互联网金融"去中心化"的特点逐步凸显，已然成为新经济皇冠上的明珠，无形资产的价值与地位也与日俱增，经济金融全球化不断加速。

"去中心化"意味着大量的"失控""不确定性"或"随机性"。无论从人工智能的角度还是从物理学的角度来看，量子化就是定域化、去中心化、弱关联整体性的一个本体论解释。宏观测量的定域性和量子客体的非定域性不可分离的整体性，产生了随机性。从第一代互联网开始，TCP/IP协议完成了信息传递的去中心化，派生出SMTP、HTTP等，基本上去中心化地解决了信息的低成本、高速传递的问题。事实上，去中心化也在现实中获取了全球的信任，客观上促进了互联网的普及与拓展。互联网对于各行各业的作用就是不断完善的市场化，去中心化，也就是量子化的过程。从这个意味上说，互联网金融的本质就是这个时代人类信用体系的"去中心化"。

在现阶段"分布式去中心化"的社会大环境下，政府鼓励创业的激励政策不断出台，李克强总理更是提出"大众创业、万众创新"的口号，创业人数不断攀升。互联网金融等新兴行业、领域逐渐发展壮大，更多的领域等待着创业者们去探索，更多的机遇等待着创业者们去把握。"万物生长"的创业时代已悄然而至。

凯文·凯利在《失控》中描述了这样一个故事：科学家们在开始设计智能机器人时，自然地仿照人体的生理结构，设置了一个类似于大脑的控制中枢结构，来支配机器人的所有动作，但机器人的行动却十分迟钝而笨拙。在一遍又一遍的微调却仍然没有明显改进后，他们决定换一种完全不同的形式，去掉复杂的类似"大脑"的控制中枢，而在每一个末端触点设置最基本的反馈机制，比如碰到障碍就后退等等。如此简单的结构却取得了明显的突破，机器人开始可以完成一系列诸如翻墙、抓取等非常复杂的、之前完全不可想象的动作。这种脱离超级中枢，将功能实现依附于众多的分散单元的结构，就是我们所说的"分布式去中心化"的结构。

在分布式去中心化市场上，原来体积庞大的中心化市场被分解为一个个专业化的细分市场。这种变化背后的经济学理论基础来源于经济学创始人之一的亚当·斯密的劳动分工理论和科斯的交易成本理论。一方面，随着社会的发展，在不断创新发展的科学技术的支撑下，原本从属于同一市场体系的劳动生产逐渐从原来的统一体中分离出来，开始独立运行，形成了诸多分布式的细分市场。另一方面，移动互联网时代交易成本的降低也使得那些要依靠集团化、中心化来降低成本的市场、企业，再一次逐渐相互分离开来，形成了一个个分散式的市场、企业，逐步地实现了去中心化。

相较于传统的中心化市场，分布式去中心化市场可以展现更高的市场活力，给创业者提供更多的创业机遇和选择性空间。这是因为，随着"去中心化"而来的，是市场的"不确定性"或者说是"随机性"。分布式去中心化市场上的不确定性、随机性，也就意味着更多创新性的可能。脱离了原有的庞大的中心化市场结构，在这些分散的、离散式的小市场上，市场组织结构得以简化，已有的市场构架更容易被某项商业创新、管理创新或技术创新所打破，市场边界也更容易被打破，市场间的重新组合亦更容易发生，更多的创业机遇也便应运而生。因此，分布式去中心化市场凭借其本身所具有的"不确定性"这一特点，可以不断推动市场创新，激发市场活力，从而吸引更多创业者的涌入与参与。

在传统的中心化市场环境下，存在着众多碎片化、零散式、个性化的需求与供给，但却大多处于被掩盖的状态之中，大量的个性化需求"被标准化"和"被规模化"，以适应中心化和规模化的生产。然而，分布式去中心化市场为碎片化需求和供给的对接提供了一种实现的可能。通过特定对接平台，原来高度离散化的供需双方可以聚集在一起，进行"一对一""点对点"的即时互动。原来标准化、规模化和整体化的需求，更多地呈现出"碎片化"和"离散化"特征。这也就催生出了诸多"碎片化""离散化"的创业者。

让这种"碎片式"需求和供给得以实现对接的典型例子便是近来被人们所熟知的打车软件Uber（优步）。其从2009年发展至2015年，覆盖近40个国家，已经成为几乎家喻户晓的打车软件、拼车神器。作为一个还没有IPO

（首次公开募股）的公司，到2015年8月，它的估值超过500亿美元，这是一个相当惊人的数字。这一估值背后很大一部分就来自于其对碎片化价值的释放而产生的一种溢价。那么它的理念又是怎样的呢？Uber在价值重构上重新释放了司机的碎片化时间，以及车本身的价值，Uber的派车系统将司机零散的空闲时间以及车的闲置价值都充分利用起来。而其全球化战略成功很重要的原因是，它在每个市场都拥有一支熟谙当地市场的团队，这些团队负责市场调查、市场推广等全面的工作。每个城市各不相同，每个团队就好比是在当地建立的一家小公司，这家公司具有高度的独立性。分散个性化的发展模式，利用零星的资源，给不少有车族提供了开启副业的机会，同时也给公司带来了相当可观的发展空间和利润。

去中心化的"万物生长"式创业的背后的技术支撑之一，是移动互联网的喷涌式发展。移动互联网是一种通过智能移动终端、采用移动无线通信方式获取业务和服务的新兴业态，包含终端、软件和应用三个层面。随着宽带无线接入技术和移动终端技术的飞速发展，人们迫切希望能够随时随地乃至在移动过程中都能方便地从互联网获取信息和服务，移动互联网应运而生并迅猛发展。移动互联网激发了多元化的消费需求，从而滋生出更多的创业选择和机遇。

对创业者而言，移动互联网的主要优势体现在以下两个方面。一是移动的生态环境是碎片式的、去中心化的，给创业提供了更多可能。据艾瑞咨询的报告数据：每天多次使用智能手机的用户达到67%；同时，超过10%以上的使用场景为逛街购物或洗澡、外出游玩等等。用户使用时间的碎片化，用户使用场景的碎片化，也直接导致用户在软件的使用上呈现出碎片化的特征。移动终端用户的上述碎片式的、去中心化的行为特性和需求，给创业者提供了一个具有多样化选择的创业平台。此外，移动生态环境的去中心化也使得在移动终端应用软件开发市场上，很难有一家企业可以长期完全控制某个分支市场，从而使去中心化市场得以持续发展。

二是移动互联网实现了供给者（创业者）与需求者之间的直接对接。借助微信、微博等自媒体的联络功能，产品或服务的供给者和需求者有了更多直接对接的意愿和可能。在传统的PC时代，电商更多地呈现的是中心化的表现模式，即平台汇聚消费者、组织线上卖家运营，并进行流量分发。从某程度上说，这是对线下零售商业模式的复制。两者同样面临"中心化"的问题，即需要不断增加运营成本才能做得更好。但在移动电商时代，线上卖家（创业者）对平台的依赖性，不再像传统电商时代那么高。通过微博、微信、手机QQ等社交媒体，他们能够直接联系到消费者，建立"关注"与"被关注"的关系，直接进行生产、需求信息的沟通与对接，卖家（创业者）能更好地了解消费者对产品的评价与反馈，从而促进卖家（创业者）对产品或服务进行完善、创新。

互联网与金融行业的融合对接，产生了当下火热的互联网金融，这也使得创业者可以以去中心化的方式进行融资。作为一个普通的小创业者，想要获得风投的青睐是非常困难的，资金、资源必然捉襟见肘，而自己又没有那么多的启动资金，所以必须要找到解决办法。对他们而言，众筹、P2P网贷等去中心化的融资方式，就是非常好的能解决资金短缺的办法。在互联网金融中，网络不仅仅是在金融活动中起辅助作用的平台和工具，也是一个价值发现的手段，其在降低交易成本和消除信息不对称的同时，也大大地拓展了交易可能性的边界，使市场得以进一步扩张。存款人和贷款人可以在网络上以独立个体的身份通过各种应用程序来实现金额、期限、风险、收益的匹配，而网络提供的大数据平台还可以对参与者的信用进行评估。互联网作为一个有效运行的生态系统，本身就是一个去中心化的金融市场，与传统的通过金融中介运行的金融市场有着天然的差异。第三方支付、众筹融资、P2P网贷等一系列新兴的互联网金融模式改变了传统金融业的信息处理模式、信

用甄别模式、资金运营模式等，将传统金融市场的触角延伸向更多的群体，尤其是那些在传统金融下难以享受到正规金融服务的"弱势"群体。互联网金融依托其去中心化、低门槛、低成本、高效率等特性，成为备受创业者尤其是小微企业创办者青睐的融资平台，同时也助推着创业者大步前进。

在这个"万物生长"式的创业时代，依托低成本、高效率的移动互联网技术和互联网金融的推动，分布式去中心化市场得以有效运行，更多的分散式的需求被满足，更多的分散式的供给得以实现，市场的边界被进一步扩大，为创新、创业大潮开拓出了更为广阔的发展空间。在这个充满希望与梦想的年代，我们可以听到创业者在呐喊，碎片化的价值得以被发现并被利用。去中心化的新思想在时代的血脉中尽情流淌，通过骨骼的节节生长，我们可以看到一个更美好的未来。

第二章
互联网金融的实现机制

　　竞争性市场能够实现帕累托最优的前提是，信息是完全的。在金融市场上，这意味着任何有借款需求的人都能毫不费力地找到对应的借款者。没错！毫不费力意味着信息获取是零成本的，但这只是经济学家一厢情愿的完美主义愿景而已。价格并不能反映所有相关的信息，人的决定受环境、心理等各方面影响，甚至个体理性也会导致集体非理性，最后造成价格机制扭曲，信息获取的成本高，否则根本不可能存在通过规模优势减少信息不对称来获利的金融机构。

　　金融市场存在的价值就是通过规模优势来降低市场不完美带来的机会成本，通过各种渠道吸收资金，再实现资金的合理配置。在市场上融入资金方式有两种：直接融资和间接融资。直接融资就是资金的供需双方直接接洽并达成协议，或者在金融市场上购买资金需求方发行的有价证券，完成资金转移。商业信用机构、企业发行股票和债券，以及企业之间、个人之间的直接借贷，均属于直接融资。直接融资的好处是资金供求双方有较多选择的自由，缺点是资金供求者需要充分了解资金需求者的信用状况、还款能力等，

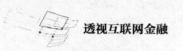

获取这些信息有时需要极大的成本。间接融资是资金盈余方将资金存在银行等金融机构，金融机构获得资金的使用权并支付资金盈余方一定报酬，再由金融机构将资金配置到其认可的需要资金融入的企业。在间接融资的方式中，作为中间人的金融机构充当资金供求双方的交易对手，使供求双方并不发生直接的债权债务关系，而是由金融机构在其中实现资金配置。

金融机构作为信息优势方，总是能够获得更大份额的利润，从资金供需双方的角度看，其利益都会被金融中介蚕食而受到损害。无论直接融资还是间接融资，都面临着信息不对称的困扰，金融机构能够减少资金供求双方直接交易的信息不对称，并且几百年来，大部分金融机构都是通过这种方式获利的。在这种类似于"委托人—代理人"的框架模型中，金融机构充当代理人的角色，而且这种代理人还具有不受约束的信息优势。

信息不对称是这个世界大部分行为的动力，量变产生质变，互联网金融的出现极大降低了这种信息不对称，因为互联网金融巨大优势之一是实现了资金供需之间的直接匹配，互联网金融平台很大程度上只是作为中介而存在，直接绕过传统金融机构，撮合资金供求双方达成交易，并收取远低于传统金融机构的费用。从这一点来看，互联网金融确实会在很多方面对传统金融业务形成挑战。互联网金融的模式是正确的，只是这一模式还处于前期探索阶段，发展迅速但良莠不齐。我们可以预测，随着规范逐步加强，它势必成为对传统金融的有益补充。

第一节 | 基本框架

互联网金融要想取得成功必须具备以下三个要素：第一，做互联网金融必须依靠好的平台。这表现在必须要有足够的用户数量，能够带来交易的足够的流量入口，没有好的平台支撑，任何互联网金融都只能沦为纸上谈兵。第二，互联网金融本质不能变，必须要有金融基因，通过支付建立信用体系，通过信用数据建立安全支付，通过安全支付做好线上对接和跨界融合。第三，充分利用大数据优势，可用互联网金融的数据一定是在线的，具有实时性和在线可分析性。互联网金融是竞争极为激烈的以用户为中心的金融中介，这是互联网金融能够撼动传统金融行业的重要原因，它必须主动挖掘用户需求。

互联网金融有三个核心部分：支付方式、信息处理和资源配置。

互联网金融在支付方式方面是以移动支付为基础的。相比于传统银行，在互联网金融之中，金融资产的支付可以通过移动互联网进行，个人和机构均可在中央银行的支付中心开户（存款和证券登记）。第一个优势是节省时间。传统支付方式无论是面对面交易还是通过银行票据进行支付，往往都需要耗费大量的时间。例如用票据支付时，银行需要提交票据审核，需要确认支付双方的信息，需要支付双方或委托方的参与，这往往会造成支付延迟，耗费大量时间。但是通过网上支付却可以避免这种弊端，网上支付基本可以实现任何时间、任意地点即时支付，这种跨时空支付特性也是互联网金融能飞速发展的基石。第二个优势是节约成本。无论对用户还是对金融机构来说，网上支付都可以节省大量成本，客户节省了经常跑金融机构的成本，银行则可以节省大量人员开支和菜单成本。第三个优势是提升效率。我们知道，支付的核心就是实现商品交换的功能，这一过程不产生价值，支付以中介的形式存在。既然这样，那么优化这一形式的任何创新都能提升效率，因为被节省的时间可以用来创造价值。互联网金融支付可以实行电子化清算，替代现钞流通，因为货币只是一种价值表现形式，本质上，交换的中介可以是任何共同认可的一般等价物。网上支付实现了货币的脱媒化，不需要交换媒体就可以实现交换目的，这种脱媒化是信息时代金融领域创新的必然产

物，是对实体形式货币的必然替代。

在信息处理方面，在社交网络生成和传播的信息具有极大的针对性，因为社交网络的交流社区化特征本身就加大了数据的可区分度，海量数据包含了用户的使用习惯和消费倾向，而这些数据在传统金融机构内部由于边际效率太低是难以处理的。在互联网时代，基于大数据技术的数据挖掘可以对信息进行分类、估计和预测，研究数据之间的相关性，挖掘用户需求。云计算技术可以保障海量信息高速处理能力，由此预测用户的使用习惯。通过个性化产品，可以以极低的成本计算任何资金需求者的风险定价或动态违约概率，确定资金的分配方案，提高资金利用效率。

资源配置方面，资金供需信息可以直接在网上发布并匹配，供需双方可以直接联系和交易。在现代技术的支持下，互联网金融凭借其供需信息相对透明、交易成本极低等优势，可以解决在传统金融中出现的中小企业融资难、民间借贷成本高、个人投资渠道缺乏等问题，从而扩大交易的可行性边界，使整个金融市场融入了新的活力。总之，在互联网金融模式中，支付便捷，市场信息不对称程度非常低，资金供需双方可以直接交易，不需要经过银行、券商和交易所等金融中介。

第二节 | 大数据

互联网金融是建立在互联网大数据和云计算这两个基本技术框架和数据框架之上的。总体看来，大数据和云计算技术发展已经日渐成熟，能够支撑起互联网数据量和规模。可以说，在不断改变的世界中，大数据时代已全面来临。互联网金融处于蓬勃发展期，金融业是大数据的重要产生者，交易、报价、业绩报告、消费者研究报告、官方统计数据公报、调查、新闻报道无一不是数据来源。金融业也高度依赖信息技术，是典型的数据驱动行业，互联网金融环境中，数据作为金融核心资产，将撼动传统客户关系、抵质押品在金融业务中的地位。

世界上大多数信息都是非结构化的，并且正在迅猛增长，从摩尔定律中我们可以看出信息技术惊人的进步速度。在信息时代，对数据的利用已经几乎没有限制，信息变得更加透明，大多数人都可以方便地使用。

大数据有四个特点：

第一，数据规模巨大，增长速度快。数据级别已从TB（1TB=1024GB）跃升到PB（1PB=1024TB），并且呈指数级别增长。随着网络底层技术的进步，网络带宽大幅增加，网络传输速度和传输效率都迅速提高，各类互联网设备和应用产生信息的增长速度惊人，大量信息来源于金融交易、客户互动和物联网。可以说，我们生活的每一天都是大数据的一部分，借助强大的数据处理平台，我们可以更透彻地理解业务、客户和市场。

第二，数据类型繁多，结构复杂。世界上每天都会产生各种类型的数据信息，除了少量是数字、符号等结构化数据，更多的是诸如图像、文本、视频、音频等非结构化数据。随着信息技术的不断发展，这些非结构化数据也可以通过各种方式成功实现分析、处理，从而提取出有用信息以方便管理。总之，大数据包括所有类型的数据——从传统的结构化数据，到包含原始、半结构化和非结构化数据在内的传统分析平台无法处理的多种数据。

第三，数据价值虽然密度低，但是有可能出现较高的商业价值。如果能从海量数据中发掘出更符合用户兴趣和习惯的定制产品和服务，大数据将成为企业重要的竞争力。[1]最初未分析的原始大数据含有较大"噪音"和较低价值，但是，考虑到大数定律，分析庞大的数据量，最终平均来说，可以

---

[1] 雷曜、陈维：《大数据在互联网金融发展中的作用》，载《中国改革》2013年第7期。

获得大量有用信息，进而相关企业在市场中获得更高的竞争优势的潜力是巨大的。

第四，数据处理速度快，并发处理要求高。这和传统的数据挖掘技术有着本质的不同，在大数据时代，企业领先于竞争对手可能意味着领先对手几秒甚至几微秒识别趋势、问题或机会。此外，如今生成的越来越多的数据具有非常短的保存期限，相关企业必须能够实时地分析数据，才能够挖掘数据中的商业内涵。[1]

大数据的应用促进了多种金融创新的诞生，其中，高频交易、社交情绪分析、信贷风险分析是典型的代表。以高频交易为例。沪深两市每天4个小时的交易会产生大规模的数据，通过对历史和实时数据的挖掘和分析可以提取有利用价值的信息，现代计算机技术可以利用这些有效信息，从而捕捉市场上微小的盈利机会，在毫秒之内由计算机程序自动完成大量买卖指令，从而获利。在西方发达国家，这种高频交易在市场上已经占据相当大的份额，美国70%的股市交易是通过高频交易和程序化交易完成的。

大数据时代让社交情绪分析也成为可能。随着各种社交软件的用户数量的激增，研究者们开始对社交媒体中的内容进行分析研究。不少研究发现，社交媒体中透露的情绪与市场变化存在较大的相关性，例如通过分析Twitter用户情感的变化走势可以预测股票的走势。

两年前，对冲基金开始从Twitter、Facebook、聊天室和博客等社交媒体中提取市场情绪信息，开发交易算法。当他们看到社交媒体上出现如自然灾害、恐怖事件等负面信息时，便会立即抛出股票。2008年，精神病专家理查德·彼得森筹集了100万美元在美国加州圣莫尼卡建立了名为MarketPsy Capital的对冲基金，通过追踪社交网络、博客、网站和微博，以确定市场对

---

[1] Paul C. Zikopoulos等人：《理解大数据：企业级Hadoop和流数据分析》，麦格劳希尔集团（McGraw-Hill Companies），2012年，第9页。

不同企业的情绪，再据此确定基金的交易策略。到2010年，该基金回报率达40%。

运用大数据分析技术，金融机构可以更低的成本对财务信息不完善的中小微企业的信用水平、经营状况、发展前景等方面进行全面的审核，实现精细化管理。例如，正是凭借着低成本、高效率的信息搜集和信用甄别模式，阿里小贷得以向那些难以享受到传统金融服务的小微客户发放小额贷款，阿里首创的从风险审核到放贷的全程线上模式使这一切成为可能。同时，为了控制风险，阿里小贷通过网络人际爬虫技术，突破了空间限制，实现了对客户风险的评估以及贷前评估的交叉检验。此外，它还会实时监控贷款资金的流向，并对其风险进行评估与监测，防止客户利用贷款从事高风险的业务。

大数据还使得金融机构内部各部门的联系更紧密。金融机构内部往往保留了大量客户数据，这些数据会根据类型分别储存在不同的部门。各部门会对自己所控制的数据进行分析判断，但有时也会产生冲突和分歧。这种判断上的分歧往往是由于部门之间的隔离及缺乏有效沟通导致的。但是在大数据时代，数据信息的高度透明、互联互通使得金融机构各部门之间可以进行实时的沟通交流，从而使金融机构能做出更加准确而统一的判断，为企业决策提供更加有效的信息。

同时，大数据颠覆了金融机构对客户信息的垄断地位。在大数据时代，网络平台能实现各种信息的储存与共享，使个人与机构客户的信息变得更加公开透明。相关企业想了解客户的经营运行情况、资产负债情况等，只需通过简单的程序操作便能够在短时间内做出判断，相比传统金融业需要投入大量精力进行信息的搜集整理，现代技术下的信息处理变得更方便快捷，信息不对称问题大大缓解，整个金融市场的效率提高了。

未来的互联网企业可能成为数据提供方，扮演中间角色。在大数据时代，数据就是生产力，数据经过简单加工就能创造价值。如果一家企业在运行过程中积累了大量客户信息，它就可以成为数据的提供方，并销售信息产品给数据加工处理方，从而创造新的商业价值。[①]

大数据使得个性化产品定制成为可能，为客户提供更好的用户体验。我们知道，每个客户都是独一无二的，他们的需求是多种多样的。在传统金融体系中，由于成本等因素，金融企业不可能为每个客户提供差异化产品，满足每个客户的特定需求，于是，客户只能在已有的标准化产品中选择自己能够接受的金融产品。现在，凭借大数据的分析技术，客户的需求能够自动通过程序分析得出，金融企业能以更低的成本来满足客户的需求。例如，商场通过对消费者购物单的数据分析，可以得出经常出现的商品购买组合，从而在货架摆放时尽量将经常被同时购买的产品摆放在一起，节省消费者的时间。金融机构通过对客户的资产负债状况、风险承受能力、家庭基本信息等数据的分析，可以在风险可控的情况下为金融产品制定更加合理的价格。

与传统金融行业相比，大数据的运用实现了金融服务模式、金融产品、运营管理模式等多方面的创新，使互联网金融企业更好地满足客户的多元化需求，尤其是为那些传统金融服务难以满足的小微客户带来福音。但同时，互联网金融作为新兴的金融模式，也向金融监管部门提出了新的挑战。

第三节 | 云计算

云计算是一种基于互联网的动态易扩展的且通常提供虚拟化资源的计算方式，用户不需要了解云内部基础设施的细节，也不必具有云内部的专业知识，也无须直接控制基础设施，就可以通过浏览器、桌面应用程序或是移

[①] 王曾：《互联网金融的跨界场景化变革，"黑天鹅"何时出现？》，见证券时报网，http://news.stcn.com/2015/0508/12229752.shtml，2015-05-08。

动应用程序来访问云上服务软件及数据，云服务提供者则维护基础设施及平台以维持服务正常运作。云计算依赖资源的共享以达成规模经济，服务提供者集成大量的资源供多个用户使用，用户可以轻易地请求使用更多资源，并随时调整使用量，也可以将不需要的资源释放回整个架构，因此用户不需要因为短暂尖峰的需求就购买大量的资源，仅需提升租借量，需求降低时便退租。服务提供者可以将目前无人租用的资源重新租给其他用户，甚至依照整体的需求量调整租金。

如今的互联网已经不再是传统意义上的通信平台，随着网络资源的不断增加，它正逐渐转化为泛在、智能的计算平台。但相比于已经具有相对成熟的操作系统的传统计算平台，互联网的资源管理和利用水平还有待进一步提高。自主控制、自治对等、异构多尺度等特征是互联网资源与传统计算机系统资源相比的不同之处。当今的互联网需要一种新的服务环境，能够随需灵活自助服务，使得用户方便进行访问、共享网络资源，云计算服务就是针对这一需求应运而生的。

云计算真正在金融领域实现突破性发展开始于2008年的经济大衰退。当时，主经纪商、基金管理员和交易所等金融服务业用户就如何利用私有云来提高效率、改善应用程序和业务服务等方面提出了明确的云战略。当时的经济衰退使得人们希望利用云计算等新技术在经济萧条中获取更大利益，从而促进了云计算技术的进一步传播与发展。在私人股本公司、对冲基金等另类投资领域，对云计算的应用早已有之，而这种应用也为它们提供了更大的灵活性，使它们获得了更高效的发展。

资本市场社区平台（Capital Markets Community Platform）于2011年6月在美国诞生，标志着纽约证券交易所开始涉足计算机服务领域。该平台能够通过按需计算资源的方式，提供针对服务的更高访问效率。应用程序开发商和服务供应商越来越多地将私有云更快、更有效地推向市场。私有云同样

也将加快这些新技术和服务的应用，以达到用户的期望。随着这种伙伴关系的增加，私有云服务将成为金融服务行业的主导力量。私有云的第三方或独立供应商能够更好地定位，从而为它们的合作伙伴及客户带来更多的利益。随着这一技术的普遍应用，预计未来金融云服务提供商间将形成一种良性竞争，从而为用户提供更加灵活、更加个性化的定制服务。

云计算技术对传统金融业产生的影响主要体现在以下几方面：第一，一旦能成功地把云计算技术应用到金融服务当中，很多以前棘手的问题将会迎刃而解。比如云计算技术可以应用到银行对客户的信用甄别过程中，银行通过对客户的信用数据进行技术处理，可在短时间内筛选出符合条件的客户，这将大大提高金融服务的效率。第二，云计算技术能更加有效地提高宏观趋势预测的准确度。金融市场具有很大的不确定性，这一不确定性会带来风险，而风险是人们所厌恶的。经济学家一直试图预测宏观趋势，却总是无法做到精确。随着云计算技术的发展，在不久的将来，经济学家也许就可以通过对各种金融数据的分析处理，提高对宏观经济趋势预测的准确性，从而将风险控制在一定范围内。第三，云计算技术可以在微观层面提升数据中心的效率。建立数据中心是企业进行风险管理的重要手段，企业通过对各类数据的分析可以预测未来的发展前景，为企业的管理与决策提供有用的信息。而借助云计算技术，这一过程将会更加方便快捷、准确有效。

第四节 ｜ 网络安全

全球金融市场是高度一体化的，无论是外汇市场、证券市场，还是衍生品市场，每天都进行着成千上万亿美元的交易。在传统的技术条件下，这些高度一体化的金融市场都是封闭系统，参与者必须拥有专用终端，通过专用线路，使用专有协议，才能接入交易中心，由主机进行买卖配对。随着互联网金融的普及，金融交易已经大大超出了传统金融专用网络所能承载的范围，向普约化、大众化网络方向发展。相比于传统的专用系统，网上金融成本低，随时随地都可接入，不再受时空限制，效率得以极大地提高。但互联网金融传输的数据都是在网络上传输，都是具有高度敏感性的用户信息，所以这些信息在传输过程中所面临的风险必须要解决。互联网金融快速发展离不开数据传输安全机制的保障，信息的安全性主要体现在两个方面：信息的安全性和信息的认证性。保密的目的是为了防止信息被泄露给不确定的第三方，认证的目的是验证信息的发送者是真正的交易方，而不是伪造的，验证信息的完整性是为了确保信息在传输或存储过程中未被篡改、重组或延迟等。前者使用的主要是数据加密技术，后者使用的主要是数字签名技术。在互联网金融中信息的安全性主要取决于对密钥的保护，这在数据系统的安全保护中处于重要地位。

加密技术是数据安全的一种保障方式，它通过对原来的文件或数据进行处理，使其成为不可读的密文，只有输入相应的密钥，原文件或数据才能被读取，这样便可以防止数据被非法窃取。将密文转化为原信息的过程则称为解密。在大数据的应用中，通过加密技术可以实现对数据的保护，屏蔽网络攻击。

根据密钥类型的不同，现代加密技术可以分为对称加密算法（私钥密码体系）、非对称加密算法（公钥密码体系）两大类。目前使用较多的是前者，即加密和解密依赖于同一个密钥；后者则是依赖不同的密钥，分别称为"公钥"和"私钥"，只有配对使用时才能实现解密，打开相应的文件。这里的"公钥"是指可以对外公布的，"私钥"则不能，只能由持有人一人知道，这样就能很好地保证了密钥的安全传输。

从数字签名技术使用程序来看，基本就是发送方通过自己的私钥来对报

文进行身份加密，而对于接收方来讲，则是用发送方的公钥来对发送方的身份做出解密，通过这一过程，实现了网络信息不可抵赖性。发送方通过使用接收方的公钥进行加密，把报文发送出去，而接收方则是用自己的私钥来进行解密并接收，这样一来，就把报文传输的安全性和保密性实现了。

加密技术的使用是为了加强数据保护，这一技术的核心是密钥，一旦密钥被泄露出去，所有的工作都是白费。这就需要有严格的密钥管理系统，防止密钥被窃取或无意识泄露。

尽管互联网技术的发展为我们带来了很多便利，其中也潜藏着技术风险，一旦运用不好，便会产生诸如网络入侵、病毒感染等问题。现在，操作系统的安全性管理、病毒的传播控制、网络犯罪行为的防控等问题已引起广泛关注。而金融业又是一个充满风险的行业，一旦决定利用网络技术进行产品设计和创新，就更需要一个安全的互联网环境，因此网络安全问题是我们亟待解决的问题。应用程序安全主要涉及对交易客户的身份认证和对交易的确认，这是网络金融业务运作的关键环节，必须高度关注。系统平台安全必须符合安全标准，事态安全检查须纳入网络金融业务风险控制中。

第三章
互联网金融发展历程与现状

第一节 | 互联网金融起源

金融互联网化

正如梭罗所言，"一切变革，都是值得思考的奇迹，每一刹那发生的事都可以是奇迹"，若将当代新兴的金融模式——互联网金融称作为"奇迹"，也可以算"实至名归"了。互联网金融通过电子信息技术和互联网手段提供金融服务，改变了传统金融业的经营组织方式，使得大量以前只有实体银行才能提供的服务被取代，如现在我们习以为常的网络银行、网络证券等，要是搁以前那可几乎是天方夜谭了。在信息时代，理念的传播不再需要付出那么大的代价了，这是一个变化多于不变的时代，反对者如果拒绝与时俱进，就只有籍籍无名地淹没在历史的洪流中。

当互联网金融走进金融市场后，其表现一如所有新兴事物所特有的朝气和活力，以雷霆之势迅速搅动了原有的市场格局，并且金融数据和信息跨国

界的互通和即时处理，使得金融全球化的步伐大大加快。互联网与金融业的结合形成了互联网金融，其中一个是新兴行业，另一个是传统行业，而它们的结合带来的是更加便捷、个性化、实时性的金融服务。

互联网金融也经历了较长时期的孕育和探索才有今天的蓬勃发展。2001年2月23日，美联储在一次会议中强调，以现代科技为代表的互联网兴起从本质上重塑了金融市场，改变了金融服务的提供方式。其实，20世纪80年代互联网技术就已被应用到信贷决策中了。通过信贷评级和其他数据挖掘技术，银行和信贷机构可以在尽量减少人力投入的情况下提供有效金融服务，信息技术的发展在为客户提供多元化、个性化服务的同时，也大幅降低了信用风险，同时互联网技术以其强大的通信和数据处理能力消除了金融机构和客户之间的信息非对称关系，为客户提供更有竞争力的服务。从20世纪90年代早期开始，信用评级模型开始被广泛用于银行向小微企业的借贷中，如通过对借贷者信用记录来估计其违约概率，从而决定授信额。最初这一技术仅用于贷款额度在10万美元以内的借款，后来随着技术的进步和数据处理能力的提升，这一方法才被银行机构广泛采用。

互联网金融改变了金融业结构

互联网技术在金融行业的进一步渗透，大大加快了金融业价格透明化、定价差异化和分销渠道转变的进度，价格竞争减少了传统金融业的边际成本，使产品价格接近完全竞争水平；互联网技术也减少了金融交易中客户的搜寻成本，这为差异化定价提供了可能性；互联网的普及促进金融服务的差异化和去中心化，原有金融机构减少，但能提供更多更优质的服务，原有金融分销渠道也被改变了。通过互联网技术为用户提供金融服务的机构如雨后春笋般诞生，如网络银行、网络证券等。互联网公司等非金融机构纷纷涉足这一领域，借助先进的网络平台为用户提供支付、融资服务等。为了应对挑战，银行、保险等传统金融公司通过新一轮兼并重组迅速整合资源，应用互联网技术形成垂直化金融服务体系，为客户提供诸如虚拟银行等新的服务模式。

竞争推动变革，无论是传统金融机构还是新兴的互联网公司都要在变革中学习，掌握新的生存之道。提供用户接口的互联网公司像美国在线、雅虎和微软等公司与电信服务提供商如美国三大电信提供商，纷纷与主要的银行如东亚银行等达成战略合作协议，同时许多大的金融机构如摩根、高盛、美林等企业纷纷投资于互联网初创企业，提供商品的公司借助银行分销网络来扩大市场等。这些变化深刻改变了金融行业的竞争格局，没有与时俱进的传统金融机构面临巨大的转型压力。

网络银行与网络支付

网络银行就是将互联网技术与传统银行相结合，提供新的银行零售和商业服务，如网上支付、转账、资料收集、信贷等业务。自诞生以来，网络银行经历了快速强劲增长的过程。

网络支付业务的发展并不像预期的那样平坦，因为许多具有创新性的支付方式和支付标准都还没有获得市场认同，还有待市场的进一步检验。但是由于网络支付业务本身具有巨大的市场潜力，该领域还是吸引了大量的进入者，潮流已不可抵挡。在20世纪末，各大银行已开始逐步提供基于网络银行的网络支付服务，因此可以毫不夸张地说，网络支付是金融电子化发展的必然趋势。

网络银行和网络支付给金融支付带来持久影响，既扩大了潜在客户群，又缩小了用户与金融机构之间的时空间隔——金融机构在任何时间、任

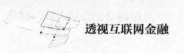

何地点都可以提供全天24小时服务。互联网金融增强了金融服务行业信息处理能力和技术实力，淡化了金融与技术、信息与交易事项之间以及金融机构和互联网公司之间的边界。

证券网络化

互联网金融改变了传统证券业，尤其是对二级市场上的经纪人和做市商产生巨大的影响。20世纪90年代，贴现票据经纪业务迅速获得大量市场份额，传统贴现业者通过为销售客户提供辅助服务来获得费用，因此即使证券交易的成本很低，票据贴现经纪商也能获得比行业平均值更高的收益。互联网金融的出现，极大降低了信息不对称，降低了基于人际关系的贴现业务的比较优势，网上报价等机制让证券经纪更加市场化和透明化。1995年有超过3500人通过互联网完成了网上证券报价，最后这些证券在名为wit-trade的互联网电子公告板上迅速成交。1999年网络竞价变得合法化，出现了名为OpenIPO的互联网证券配对交易平台，所有投资者都可以在互联网上进行证券交易。1999年甚至有六家公司通过OpenIPO实现网上上市，互联网竞价避免了新股发行过程中的折价发行问题，这给传统证券融资渠道带来极大挑战。

第二节 | 互联网金融发展

互联网金融产生原因

第一，经济发展给传统融资带来了新的挑战。

从20世纪90年代开始，中国经济一直处于高速增长状态，GDP年均增长速度达到10%以上。经济的高速发展使得居民收入持续稳定增长，城镇人均可支配收入增长了10多倍。城镇居民家庭可支配收入的增长和家庭恩格尔系数的下降表明中国居民的生活水平有了实质性的提高。然而受活期存款低利率和通货膨胀影响，居民投资保值需求旺盛。同时，中小企业数量快速增长，中小企业融资需求大幅增长，银行贷款难以满足需求，传统金融机构已无法满足居民及中小企业对高效、便捷金融服务的需求。①

第二，互联网技术的普及奠定了用户基础。

越来越多的企业在通过互联网进行商业活动。互联网网民数量快速增长和互联网在商务活动中的广泛运用，为互联网金融的发展奠定了用户基础。

电子商务的发展极大地改变了人们的消费和生活习惯，已成为人们生活中不可或缺的组成部分。人们对于电商平台越来越强的依赖性为互联网金融的发展提供了良好机遇。电子商务的繁荣同时带来了对第三方支付、资金融通新渠道等方面的需求，从而催生出互联网金融的更多创新形式。

第三，大数据和云计算技术革命改变了传统融资模式。

在互联网时代唯一不变的就是变本身，每一天都在变，一年中的技术创新要比前十年的速度更快，而过去的十年、二十年中的创新，可能比过去一百年甚至几百年中的技术创新都要多，这些技术创新对人们的生活产生比以往更大的改变。在传统金融业中，为保证贷款回收的安全性，银行一般会对贷款企业的财务信息、经营水平等情况进行严格考察，并对抵押品、质押物有一定的要求。这就使得规模大、信誉高、资质好的企业在贷款上有着天然的优势。而一些规模相对较小、抵押品不足的中小微企业却被排除在传统

---

① 沈虹杉、谭杨杨、吉宁等：《2014中国互联网金融行业深度研究报告》，社信基金发布，http://mp.weixin.qq.com/s?__biz=MzA5MTc2MTIzMg==&mid=200381951&idx=1&sn=055725fa88ad30817bed73ffdf63d627#rd，2014-06-16。

金融业之外，难以享受到银行的金融服务。大数据与云计算技术的出现改变了这一传统模式，这一技术通过大量数据集成运算，确定买家和卖家之间关联度、风险率、交易集中度等。在新技术的帮助下，互联网企业可以用较低的成本对客户的数据信息进行分析利用，挖掘出有效信息，从而更快更精确地判断客户的信用状况，评估其贷款风险，在保障安全性的同时使更多的中小微企业也能享受到金融服务。

在大数据时代，我们可以利用强大的数据处理技术从海量数据中提取有效信息，直接从数据总体出发对事物之间的相关性进行回归，从而避免了数据样本的缺陷带来的分析误差。大数据不再探求数据之间难以捉摸的因果关系，而是更加注重相关关系，但是大数据并没有改变因果关系，仅是使传统经济学的因果关系变得不太重要。比如经济学家在预测房价时，无非是根据住房价格变化的影响因素来进行分析，比如经济发展水平、人均收入、土地价格、宏观房产政策、地点等因素。但谷歌预测房价，是根据住房搜索查询量变化进行预测，结果其比不动产经济学家的预测更为准确及时。

第四，小微企业融资需求刺激互联网金融的发展。

小微企业是社会经济的重要组成部分，它们在丰富经济结构、缓解就业压力、促进社会和谐等方面都扮演着不可或缺的角色。但是小微企业规模小、固定资产比重低、财务信息透明度低等经营特征使其面临融资障碍。信息不对称所带来的高融资成本更使小微企业外部融资难上加难，即便有银行开展小贷专营业务，也由于审查机制烦琐、融资利率居高不下等原因而未能大规模开展。例如，传统银行融资渠道，需递交材料，要经过多次审贷，往往要经2—3个月甚至4—5个月才能收到批复，时效性差导致企业望而却步，或者远水解不了近渴，等到收到贷款时，企业资本结构和融资需求已经发生了变化。银行的流水线、标准化作业适用于大型、中型企业，对个性化的小微型企业融资需求却难以做到周全。

因此，从融资渠道来看，目前中国小微企业仍旧偏向于以内源融资的方式获得资金。互联网金融能有效解决信息不对称，为小微企业融资提供便利条件，解决小微企业融资难的问题。面对小微企业强劲的融资需求，互联网金融有着放款速度快、贷款审批流程简单的优势，快速、便捷的金融服务能满足小微企业日常所需。以陆金所为例，自2012年3月平台上线以来，其注册人数已超过270万，累计一周有超过10万人完成注册，超过3万人成功投资。这种创新模式为中、小微企业等金融服务比较缺失的群体提供了恰当的服务，实现了小贷双方在投融资两端的共赢，这既提升了贷款者的收益又降低了借贷者的融资成本，推动了实体经济的发展，甚至通过资金融通促进了个人借贷者的直接消费。

第五，利率管制为互联网金融企业提供了套利空间。

目前，我国利率市场化还没有完全形成，存贷款利率仍处于央行的严格控制之中。在利率控制下，如果利率低于市场均衡点，便会造成供不应求，产生信贷配给现象。这时，规模较大、资质良好的大型企业就能优先享受正规金融服务，而中小企业为满足自己的资金需求，则不得不转向非正规渠道。正规与非正规金融的并存形成利率双轨制，而存在于监管体系之外的非正规金融又容易造成金融市场的混乱。

2013年，中国人民银行划定的存款基准利率活期存款利率为0.35%，一年定期存款利率为3.00%，银行存款利率最高上浮10%。而余额宝把所募集的客户资金投向银行协议存款，2013年年末7天年化收益率一度高达6.76%。协议存款的利率浮动比例可与银行协商，而一般银行存款利率则有规定的上限。由于此前规定基金公司协议存款提前取款不罚息，在2013年市场资金面偏紧的情况下，协议存款利率也水涨船高，互联网金融企业可以通过吸收客户大量一般存款而转存协议存款提高收益，并且保持较高的流动性，这极大地促进了余额宝等互联网金融产品的快速发展。

互联网金融发展现状

互联网金融是互联网业与金融业的融合，它的发展离不开两个行业的创新融合。

在美国，互联网金融的产生与发展同样遵循这一逻辑。首先，金融混业经济的放开促进了金融创新；其次，互联网技术的发展为其进军金融领域提供可能。

1975年，美国开始佣金自由化，证券经纪业务竞争加剧，20世纪90年代互联网技术的大发展使高效、低成本的网络证券经纪服务的竞争优势凸显，从而诞生了纯网络经纪商E-Trade，嘉信理财也由折扣经纪商转型为网络经纪商。自此，美国证券业拉开了证券电子商务发展的序幕，这也是美国互联网金融的开端。此后，银行、保险、理财服务也逐步"互联网化"。

1999年美国颁布实施《金融服务现代化法》，消除了银行、证券、保险公司和其他金融服务提供者之间经营业务范围的严格界限，对互联网金融业态和产品创新起到了有力的推动作用。2000年以后，除了传统金融服务的"互联网化"以外，网络支付、网络借贷、众筹融资等互联网金融创新模式不断涌现，并获得大众的青睐。

进入21世纪之后，美国互联网金融出现了开创性的发展。在信贷业务领域，Prosper和Lending Club（美国两大P2P平台）分别于2005年和2007年成立，到2013年这两家公司的成交量总计24.2亿美元，比2012年增长177%。众筹平台Kickstarter的成立和迅速发展又标志着另一种大众筹资的方式开始融入人们的生活。另外，随着移动互联网的发展，非金融企业也开始利用互联网积极推进业务支付网络化，比如Facebook的Credits支付系统、PayPal的微支付系统DigitalGoods等等。从此，利用移动终端，人们便可以实现方便快捷的支付功能。

　　而纵观中国互联网金融行业，其发展格局可以说是百花齐放、百家争鸣，发展速度也是一日千里。据《中国金融稳定报告》统计，2013年第四季度，中国网上银行市场整体交易规模达到347.3万亿元人民币，同比增长27.2%。在互联网支付领域，截至2013年8月，获得许可的250家第三方支付机构中，提供网络支付服务的有97家。2013年支付机构共处理互联网支付业务153.38亿笔，总计金额达到9.22万亿元。在P2P网络借贷领域，截至2013年12月，在全国范围内活跃的P2P网络借贷平台已经超过350家，累计交易额超过600亿元。截至2013年年末，在非P2P的网络小额贷款领域，阿里金融旗下三家小额贷款公司累计发放贷款1500亿元，客户数超过65万家，贷款余额超过125亿元。众筹融资领域中，截至2014年6月，约有21家众筹融资平台。金融机构创新性互联网平台也纷纷出现：其中一类是传统金融机构搭建的电商平台，如建行的"善融商务"、招行的"非常e购"、交行的"交博汇"等；另一类是不设实体网点，而是利用互联网开展业务的网络金融机构，例如第一家网络保险公司"众安在线"。在基于互联网的基金销售领域中，截至2014年1月15日，以余额宝为例，其规模已超过2500亿元，客户数超过4900万户。①

美中互联网金融比较

　　首先，两国行业之间的发展存在明显差异。

　　美国经济的四大支柱产业——军事、科技、金融、教育都呈现出均衡发展的态势。政府能够放手让市场去调节资源，尽量少地干预市场，四大行

---

① 中国人民银行金融稳定分析小组：《中国金融稳定报告2014》，中国金融出版社，2014年。

业在长期竞争的市场动态调整下，形成了均衡格局。[①]这些机构大多根深蒂固，具有强烈的危机意识和丰富的应对市场风险的经验，自由竞争使得市场不对称信息大大减少，因此，缺乏足够的进入激励，美国互联网企业就难以对这些行业形成有效的威胁。

可是，在国内，这些行业发展却极不平衡，政府的行政管制过多，长期以来形成的垄断优势使这些行业大多不思进取，缺少危机意识和主动应变的能力，这使得占人口大多数的普通客户在服务中既要面对较高的服务费用，同时也享受不到应有的优质服务。

而国内的科技企业特别是互联网公司，在移动互联网领域，凭借着巨大用户基数带来的市场前景，近几年却发展迅猛，甚至大有赶超美国同类企业的趋势。究其原因，一方面是国外互联网企业与国内用户相对隔绝，这样国内互联网企业在相对壁垒优势存在的情况下，能够直接奋力赶上；同时国外互联网行业发展也为国内互联网企业提供了积极借鉴，国内互联网近几年的高速发展让市场已经走向成熟，行业内部竞争激烈，企业渴求新的利润增长点。

相比之下，国内的银行业在政府的长期保护下悠然自得，缺少自我优化、创新改革的动力，这就导致效率低下、资源浪费，服务品质有待提高，暴利现象高居各行业榜首。而对于向来靠效率制胜的金融业，资源配置效率是行业发展的基石。面对传统金融业的严重资源配置不当问题，互联网金融的迅猛发展就不足为奇了。

其次，社会保障制度影响下的家庭理财习惯不同。

在完善的社保、养老、教育、医疗制度的保障下，美国人民花钱基本免除后顾之忧，民众普遍没有储蓄投资习惯，经常入不敷出，借债过日子，而且大部分政府支持的退休、养老、教育的投资计划都由专业机构操作，这

---

① 蔡凯龙：《中美互联网金融比较及前景分析》，高端金融混业俱乐部，http://www.haokoo.com/money/353549.html，2013-11-15。

些机构对市场极其敏锐，保值增值的能力强，所以美国资本市场上投资以机构为主。反观国内，国内社会保障体制还不够完善，人们还需要自己存钱养老，为儿女教育、医疗等等做准备，所以具有很高的储蓄率和可投资个人资产，个人成为投资市场上的主力。为满足普通老百姓日益增长的投资需求，面对中国广阔的投资市场和迫切的大众需要，互联网金融蓄势待发。

再次，两国利率水平差别巨大，金融市场完备程度和投资渠道多样性也有很大差别。

美国属于高度发达的社会，经济长期增长潜力有限，GDP一直维持在2%—3%的潜在增长水平，受经济危机影响，美联储实施宽松的货币政策，使得市场利率被压缩到极低水平。相反，中国受存款利率限制，居民储蓄存款利率一直保持在低水平。[①]只要有足够高的利率水平，碎片理财就有存在的基础，目前美国的货币市场基金接近零利率的水平，货币市场基金对普通投资者没什么吸引力。可是，国内投资货币市场基金却可以通过协议存款，投资于其他渠道，获得远远高于存款利率的收益。互联网金融的蓬勃发展可以说就是迎合了这一机遇而迅速发展起来的。

美国成熟的金融市场可以提供全方位的产品满足各种投资需求，套利空间小。以美国最普遍的个人贷款业务信用卡贷款为例，在完备的个人信用体系保障下，只要个人信用没问题，就能很方便地从信用卡公司获得贷款，本身资金期限错配的程度较小。可是反观国内，老百姓有闲钱、有储蓄，却缺少合适的投资渠道。对大多数人来说，面对私人理财高昂的准入成本，除了几个国有大银行外，小额资金基本没有增值的方式，可是将钱存入银行却经常面临着存款利率比通胀率还低的风险。并且，小额投资者可投资产品和品种也是很有限的，同时也缺乏足够的投资理财知识，甚至会被强制接受霸王

---

① 蔡凯龙：《中美互联网金融比较及前景分析》，高端金融混业俱乐部，http://www.haokoo.com/money/353549.html，2013-11-15。

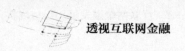

条款。中国的金融业是高度垄断行业，普通居民不得不接受高收费、低服务的双重压榨。互联网金融正是迎合了普通大众摆脱银行金融机构垄断的迫切需求，用更加方便快捷的方式实现低成本、高回报。

最后，法规的监管和对个人隐私的保护存在巨大差异。

在美国，个人财产和隐私是神圣不可侵犯的，受到法律有效的保护。投资者的合法权益受到监管部门和法律法规的重点保护，互联网企业从事金融服务也受到各种规范的限制，只有满足相应监管要求才能够合法提供金融产品服务。而在国内，由于历史原因，法律制度相对还不够健全，对投资的保护相对较弱，对隐私的保护更少，互联网金融在保护隐私方面的法律法规几乎是一片空白。这一方面有助于互联网金融企业迅速发展壮大，鼓励创新，让新产品层出不穷；另一方面也让良莠不齐的企业能轻而易举地进入该领域，造成盲目、过度竞争，甚至发生金融欺诈。

传统金融与互联网金融优劣

通过以上对比，可以发现，在经济快速发展的当今中国，互联网金融面临广阔的发展前景和市场需求。互联网金融凭借其技术优势，在数据整合、渠道开发上独具竞争力，能省去传统金融服务的众多中间环节，降低了成本。传统金融业则拥有庞大网点、丰富的金融产品和线下服务，有成熟的定价机制、信用管理和风险营运管理经验。

互联网金融凭借其成本及信息优势，能够为更多普通大众——尤其是在传统金融中难以享受正规金融服务的中小客户——提供服务。相比于大规模、高资质的客户，普通客户虽然数量多但规模较小，整体资金规模仍然难以与传统金融业相匹敌。传统金融业则以机构、政府和中高资产客户为主要服务对象，加上成熟的融资渠道和央行的支持，资金雄厚，流量大。

互联网金融的法律法规几乎是空白，目前很多企业的营运都游走在法律法规的边沿地带，还基本处于无法可依的状态，大家都摸着石头过河。监管部门在摸索如何把握监管尺度，做到既不由于监管太严而限制互联网金融创新发展，又不能因监管太宽导致无序竞争甚至恶性竞争损害老百姓的投资利益。在这二者之间要做到有机平衡，需要智慧和更长时间的探索。相对来说，传统金融业具备成熟严格的法律法规制度，在金融危机这个大背景下，监管部门对传统金融业的风险控制力度大大增强，传统金融业经营更加规范。

在个人隐私方面，互联网金融得以发展的基础是对客户庞大的数据信息的分析和利用。在这个过程中，个人隐私面临被泄露的危险。目前，国家法律对个人隐私保护还不是很完善，所以对新兴的互联网金融的个人隐私保护几乎没有任何具体的规范。相对来说，传统金融业在客户信息保护上更加成熟，客户隐私保障机制比较健全。

互联网金融集成了互联网高科技的创新基因，在数据运用和互联网平台的开发运用上具有得天独厚的优势。随着网络技术的发展，传统金融业也搭建起自己的网络平台，但它们对网络技术的运用主要是将之作为一种营销手段，没有利用互联网的精髓进行新型的服务与产品开发。尤其在大数据、云计算等新的领域里，它们不如有科技背景的互联网金融，虽然传统金融业在发展中也积累了大量的数据，不同的是，它们对于数据的运用还处于简单的汇总整理层面，对数据的挖掘分析利用还有很大的发展空间。

互联网金融仍然处于快速发展时期和中期调整阶段，国内科技创新和金融改革都为其发展提供了有力保障，其发展一路高歌猛进，风险还没有充分暴露。同时，良好的发展势头也使得人们对互联网金融风险认识不足，缺少健全的控制风险机制。相比之下，传统金融业一直都是围绕利润和风险两大要素来营运的，它们积累了风险控制的大量人才和经验，具有一套完善的风险控制系统。

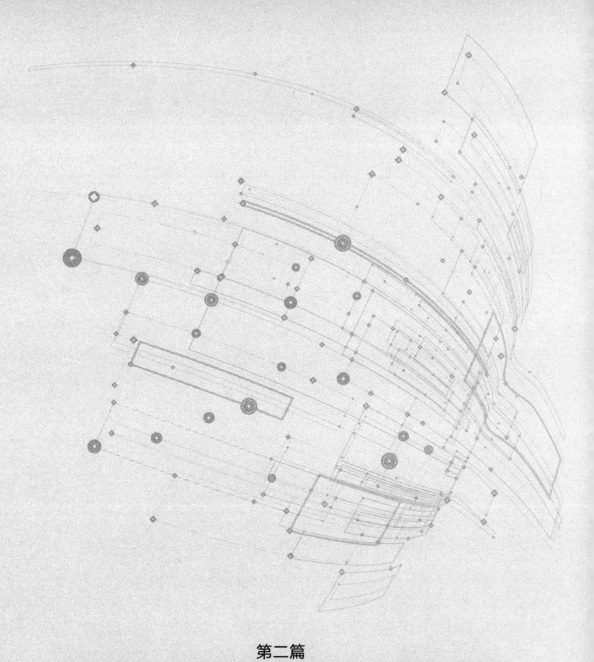

第二篇
| 宏观解构：被非互联网因素主导的互联网金融 |

第四章

经济周期与互联网金融

第一节 | 互联网金融的宏观定位

随着互联网、云计算等技术日趋成熟，互联网这一载体在运算速度、数据存储与分析、便捷度等多个维度的优势越发强大，其与金融业之间的相互渗透、相互融合也越发迅速。互联网金融与传统金融相比，一方面在采用的媒介上更加依赖安全、移动的网络技术平台；另一方面降低了交易成本，提升了传统金融业务的透明度、参与度、协作性、便捷性。

从互联网金融发展的国内外实践来看，其业态模式主要有六种，具体可以分为技术支持与金融拓展两个大类。

技术支持类指的是传统金融行业通过利用新兴的互联网技术来提升金融服务的便捷程度的模式。包括三个细分种类：第一，传统金融机构基于信息互联网技术对传统的运营流程进行改造与重构，推行经营管理的全面电子信息化，打造立体的电子银行服务体系；第二，传统金融机构通过利用互联网技术搭建服务销售平台，重点采用海量搜索和比价等技术以加强相关金融

产品的宣传与销售;第三,传统非银行机构借助通信、互联网等技术,通过与各大银行进行签约,搭建客户与银行支付结算系统间的一体化电子支付系统。

金融拓展类强调的是基于互联网的技术特点以实现金融业务流程的改造和金融服务产品的创新。其中最典型的是P2P网贷,即点对点借贷的模式:借贷双方在互联网信贷平台上自由竞价交易。此外还有大数据金融,实时对海量互联网数据进行分析,对金融机构和金融服务平台的营销进行合理的风险控制,实现金融产品的创新。还有非常有特色的众筹模式,即利用互联网的传播特性,通过创意项目在网络平台上的展示来募集项目推进所需要的资金。[①]

上述六种互联网金融模式,共同形成了互联网金融理财的新趋势。包括:以余额宝、零钱宝为代表的集支付、收益、资金周转于一身的理财产品,以微信理财模式为代表的合作理财产品,以人人贷优先理财计划、陆金所稳盈-安e贷为代表的P2P平台理财产品,基于大数据金融规划预测衍生的理财产品,基金公司直销平台产品,以及银行端现金管理工具。

余额宝极大地促进了我国基金业的发展,引出了大量"第三方支付+基金"合作的金融产品。余额宝打通了储蓄投资与支付投资之间的界限,以及金融产品与货币之间的界限。随着支付的发展,资金利用效率会越来越高,甚至不会有闲置资金,既有正收益,又保证了流动性。

在利率市场化改革的背景下,这类金融产品预计在未来还会持续增长。金融产品作为支付工具,必须具有低波动率、高流动性的特点。在统计意义上,低波动率要求金融产品的价格在时间序列上变化不大,特别是亏损

---

① 中国人民银行温州中支网络金融课题组:《互联网金融的风险与防范》,财经网,http://finance.sina.com.cn/money/bank/dsfzf/20131210/131417587645.shtml?bsh_bid=3501909151483548757,2013-12-08。

的时候。这样的金融产品才能起到保值的作用，在一定程度上接近货币的价值储藏功能。

货币市场基金主要投资于现金、定期存款、大额存单、国债和央行票据等。目前，提前支付不罚息的协议存款在我国货币市场基金的资产配置中占了很高的比例。协议存款没有二级市场交易，公允价值的变化来自应计利息的变化，因此波动率很低。协议存款的流动性，主要来自可以提前从银行提取的权利（这相当于一个美式期权）。货币市场基金最适合与支付挂钩。

目前互联网理财产品主要集中于货币市场基金，基本符合互联网金融各模式对流动性的高度需要以及中国经济融资成本高的背景。货币市场基金收益率与各类型互联网理财产品收益状况高度相关，货币市场基金监管规则成为规范互联网金融的重要政策着力点，货币市场基金成为承接互联网金融催生出的流动性资金的主导载体（图4-1）。因此，关注和把握货币市场基金对于判断分析互联网金融未来发展具有重要意义。本篇中，我们从货币市场基金入手，把互联网金融作为一种新型的宏观大类资产配置方式，从投资时钟开始分析。

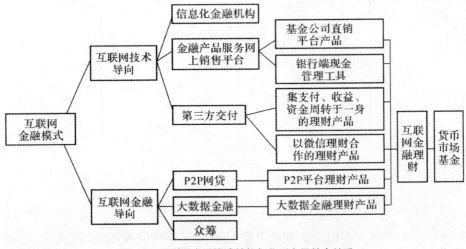

图4-1 互联网金融模式结构与货币市场基金关系

第二节 | 投资时钟决定的宏观资产配置

美林投资时钟，是将资产轮动及行业策略与经济周期联系起来的一种直观的方法。根据经济增长状况和通胀情况，投资钟模型将经济周期划分为四个阶段（图4-2）。美林时钟通过OECD对产出缺口进行的估计和CPI数据，对1973年以来美国经济进行了阶段划分。

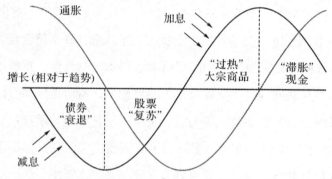

图4-2　通胀和经济增长与经济周期的波动关系

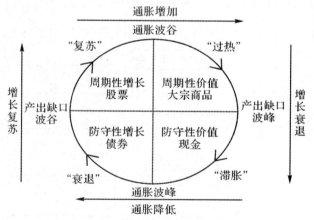

图4-3　宏观经济周期与投资时钟资产配置

通过对每个阶段的平均资产回报率和行业资产回报率进行计算（表4-1），我们可以看出，宏观资产的配置情况与经济周期之间的联系（图

4-3），这证实了当宏观经济周期在不同阶段之间变换时，债券、股票、大宗商品以及现金这四类宏观资产的回报率有着显著的周期性波动特征。

表4-1 美国1973—2004年四大类资产实际回报率

资产类别 / 经济阶段	债券	股票	大宗商品	现金
衰退阶段	9.8%	6.4%	−11.9%	3.3%
复苏阶段	7.0%	19.9%	−7.9%	2.1%
过热阶段	0.2%	6.0%	19.7%	1.2%
滞胀阶段	−1.9%	−11.7%	28.6%	−0.3%
平均回报率	3.5%	6.1%	5.8%	1.5%

资料来源：美林投资时钟

通过对整个时期不同资产类收益率的比较，可以看出，在美国不同的经济周期，各类资产的回报率还是有些偏离投资时钟的波动（表4-2）。

表4-2 美国1973—2004年各经济周期中不同资产实际回报率细节

衰退	月数	债券	股票	大宗商品	现金
1974年12月—1975年1月	2	45%	**142%**	−78%	0
1980年4月—1982年11月	32	9%	**10%**	−6%	5%
1990年11月—1991年12月	14	11%	**20%**	−9%	3%
2001年5月—2002年6月	14	**8%**	−18%	−18%	1%
合计时长／平均回报率	62	**9.8%**	6.4%	−11.9%	3.3%
复苏	月数	债券	股票	大宗商品	现金
1975年1月—1976年12月	24	4%	**20%**	−17%	−1%

（续表）

1982年11月—1983年7月	9	7%	**34%**	10%	5%
1984年3月—1986年12月	34	15%	**20%**	0	5%
1991年12月—1994年5月	30	3%	**6%**	−4%	0
1996年12月—1999年2月	27	6%	**27%**	−27%	3%
2003年3月—2004年3月	13	2%	**33%**	16%	−1%
合计时长／平均回报率	131	7.0%	**19.9%**	−7.9%	2.1%
过热	**月数**	**债券**	**股票**	**大宗商品**	**现金**
1976年12月—1978年11月	23	−5%	−9%	**14%**	−2%
1983年7月—1984年3月	8	3%	−6%	**12%**	5%
1986年12月—1989年1月	25	0	6%	**20%**	2%
1994年5月—1996年12月	31	5%	**21%**	16%	2%
1999年2月—1999年11月	9	−2%	16%	**56%**	2%
2004年3月—2004年7月	4	−10%	−1%	**20%**	−4%
合计时长／平均回报率	100	0.2%	6.0%	**19.7%**	1.2%
滞胀	**月数**	**债券**	**股票**	**大宗商品**	**现金**
1973年4月—1974年12月	20	−8%	−31%	**50%**	−3%
1978年11月—1980年4月	17	−13%	0	**4%**	−2%
1989年1月—1990年11月	22	5%	4%	**31%**	2%
1999年11月—2001年5月	18	4%	−9%	**23%**	2%
2002年6月—2003年3月	9	7%	−23%	**44%**	−1%
合计时长／平均回报率	86	−1.9%	−11.7%	**28.6%**	−0.3%
总计	**月数**	**债券**	**股票**	**大宗商品**	**现金**
1973年4月—2004年7月	375	3.5%	**6.1%**	5.8%	1.5%

资料来源：美林投资时钟，从1973年4月到2004年7月。债券收益数据来源于美林美国财政部或机构债券指数，股票收益数据来源于标准普尔500综合指数，大宗商品的收益数据使用高盛商品指数的总体回报率，现金收益用三个月短期国库券收益计算。年均回报率的计算采用几何平均。粗体数字表示投资时钟认为应该表现最好的资产类别。

通过下表可以看出，经过统计检验，美国经济周期不同阶段各类资产表现符合前述检验结果，这充分反映美国经济周期与宏观资产配置的密切关系。（Ⅰ）在衰退阶段，表现由优至劣依次为：债券、现金、股票、大宗商品；（Ⅱ）在复苏阶段，表现由优至劣依次为：股票、债券、现金、大宗商品；（Ⅲ）在过热阶段，表现由优至劣依次为：大宗商品、股票、现金/债券；（Ⅳ）在滞胀阶段，表现由优至劣依次为：大宗商品、现金/债券、股票。以下是经济周期中，最佳和最差资产收益率配对T检验（表4-3）：

表4-3　美国1973—2004年各经济周期最佳和最差资产收益率配对T检验

过热时期配对为大宗商品/债券				滞胀时期配对为现金/股票			
	债券	股票	大宗商品	现金	债券	股票	大宗商品	现金

	债券	股票	大宗商品	现金		债券	股票	大宗商品	现金
债券	--	9.3%	0.0%	29.7%	债券	--	93.7%	0.1%	25.1%
股票	90.7%	--	3.3%	87.1%	股票	6.3%	--	0.0%	4.0%
大宗商品	100%	96.7%	--	100%	大宗商品	99.9%	100%	--	99.9%
现金	70.3%	12.9%	0.0%	--	现金	74.9%	96.0%	0.1%	--

（续表）

	衰退时期配对为债券/大宗商品					复苏时期配对为股票/现金			
	债券	股票	大宗商品	现金		债券	股票	大宗商品	现金
债券	--	58.7%	97.3%	95.5%	债券	--	0.2%	99.8%	99.9%
股票	41.3%	--	91.8%	70.4%	股票	99.8%	--	100.0%	100.%
大宗商品	2.7%	8.2%	--	6.6%	大宗商品	0.2%	0.0%	--	2.2%
现金	4.5%	29.6%	93.4%	--	现金	0.1%	0.0%	97.8%	--

资料来源：美林投资时钟

第三节 | 美国货币市场基金与投资时钟

作为投资于货币市场的短期有价证券，货币市场基金收益相对银行存款高，风险控制好，同时法律上不被视为存款，不受Q条款和缴纳法定准备金要求的限制。因此，从宏观资产配置角度，我们比对货币市场基金的特点与前述的现金、大宗商品、债券和股票的特点，如果考虑将货币市场基金纳入现金类资产，则可以将货币市场基金与经济周期相联系。

考虑到原有投资时钟模型考察现金资产收益率，关注市场利率，所以采用7天回购利率（最近1个月的加权平均）的数据加以识别。为了将货币市场基金纳入现金类资产，则须验证货币市场基金与市场利率之间的关系。从图4-4可以看出，美国1974—2010年间货币基金增长速度与市场利率形成较为明显的相关关系，除20世纪80年代末到90年代初货币市场基金规模受到心理因素、市场不成熟、政治事件冲击等影响迅猛扩张，与市场利率发生一定错位之外，从20世纪70年代至今货币市场基金增长率与市场利率基本符合同向变动的规律。可见，美国货币市场基金自身发展受到货币市场基金主要投资方向收益率与市场利率存在密切正向相关关系驱动，与市场利率形成密切联系。

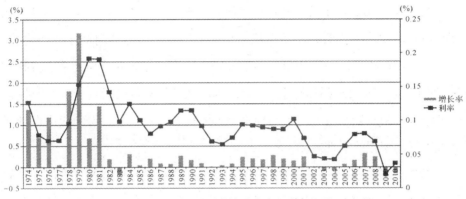

图4-4　美国货币市场基金增长率与市场利率呈现正向相关

根据美国1970—2010年经济增长状况和通胀情况，采用美联储公布的GDP增长率和CPI数据来识别划分1970—2011年美国经济的周期，可以将之分为四个阶段：衰退、复苏、过热和滞胀。下面再将货币市场基金增长纳入各个经济周期进行分析（图4-5）。

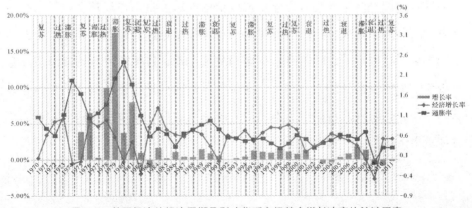

图4-5　美国经济的经济周期是影响货币市场基金增长速度的关键因素

从图5可以看出，美国1971—2013年40多年的经验事实充分反映货币市场基金与经济周期密切联系，不同经济周期货币市场基金增长速度呈现明显差异，尤其是其作为现金类资产，符合投资时钟模型中反映出的在滞胀时期快速发展的特点。

接下来，计算每个阶段的货币市场基金平均增长水平，证实了当经济周期在不同的阶段变换时，货币市场基金的发展具有明显的周期性（表4）。四个经济周期类型比较，货币市场基金增长速度存在明显大小关系：滞胀时期>衰退/复苏时期>过热时期。结合经济周期的划分与宏观资产配置回报率验证结果，根据宏观资产配置与经济周期的投资时钟模型，得到货币市场基金类别资产配置的周期规律。

根据表4对美国1974—2011年货币市场基金发展的具体细节描述，我们可以得到这样的结论：当宏观经济处于衰退或复苏阶段时，货币市场基金基本能够维持一个较为稳定的弱增长速度，因为在衰退阶段，宏观经济基本面由市场流动性需求等因素驱动，而在复苏阶段，由于各大类宏观资产收益普遍转好，会引发资产配置方向的分散，因而衰退阶段对货币市场基金增长的支撑好于复苏阶段；而当宏观经济进入过热阶段，高通货膨胀率和高经济增长率导致宏观经济中大类资产逐步形成价格泡沫，货币市场基金由于自身投资方向限制泡沫形成，过热阶段对货币市场基金增速有较强抑制作用，尤其是近年来的数据表明，随着金融创新与政策变动，过热阶段导致货币市场基金规模收缩的可能性加大。相反，滞胀阶段对带动货币市场基金扩张具有显著的作用，该时期宏观经济基本面恰好能够有效推动货币市场基金发展，该时期货币市场基金扩张迅速。

表4 美国1973—2011年各经济周期中货币市场基金增长速度

衰退	月数	期间增速	复苏	月数	期间增速
1981年7月—1982年6月	12	80.88%	1975年1月—1976年6月	18	128.82%
1984年7月—1986年7月	24	28.57%	1980年7月—1981年6月	12	105.81%
1990年7月—1991年6月	12	72.53%	1982年7月—1983年6月	12	−0.19%
2000年8月—2002年6月	23	29.40%	1991年7月—1994年5月	35	11.99%
2004年8月—2007年6月	35	35.11%	1995年8月—1998年6月	35	60.69%
2008年8月—2009年7月	12	2.22%	1999年11月—2000年7月	9	11.62%
—	—	—	2010年9月—2011年12月	16	−9.16%
合计	118	248.71%	合计	137	309.58%
月平均增速		2.11%	月平均增速		2.18%

（续表）

过热	月数	期间增速	滞胀	月数	期间增速
1977年7月—1978年11月	17	167.23%	1973年12月—1974年12月	13	136.11%
1983年7月—1984年7月	13	8.43%	1976年7月—1977年6月	12	61.53%
1986年8月—1988年6月	23	19.92%	1978年12月—1980年6月	19	366.34%
1998年7月—1999年10月	16	29.95%	1988年7月—1990年6月	24	38.33%
2002年7月—2004年7月	25	-14.33%	1994年6月—1995年7月	14	18.27%
2009年8月—2010年8月	13	-15.91%	2007年7月—2008年7月	13	30.09%
合计	107	195.29%	合计	95	650.67%
月平均增速	1.83%		月平均增速		6.84%

总计	年数	月数	期间累计增速	年平均增速
1973年12月—2011年12月	38	457	1404.25%	3.07%

资料来源：ICIFactBook，FederalReserve，宏源证券

第四节｜中国投资时钟适用性与互联网金融宏观展望

从图6划分的经济周期来看，自2000年开始，中国经历了四个经济周期，持续时长分别为15个月、45个月、51个月以及51个月。将经济周期进一步细化为复苏、过热、滞胀、衰退四个子阶段，则从2000年开始，中国已经经历了15次子阶段（图4-6）。到2013年6月，处于第四个经济周期的滞胀阶段，GDP增速放缓的同时伴随着通货膨胀率升高；从各个阶段的持续时间来看，自2001年第二季度以来，每一轮经济周期中滞胀与衰退阶段占据的时间越来越长，表明中国经济形势从长期来看总体存在下行趋势，并且存在着持续的通胀压力。

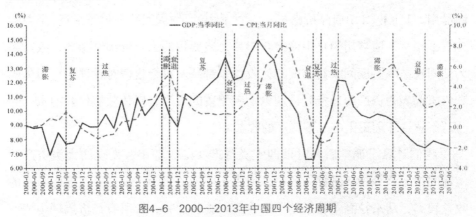

图4-6　2000—2013年中国四个经济周期

此外，我们按照CPI和GDP增速划分了四个经济周期，并没有采用产出缺口作为增长状态的衡量指标。通常使用的退势方法，如HP滤波、BK滤波、CF滤波得出的结论并不稳健，数据起始点和数据修正对结论影响较大。

从资产收益来看，投资时钟理论在资产配置上的表现差强人意。在中国经历的15次子阶段中，实现最高收益率的资产与投资时钟理论的预期不符的阶段高达7次，分别是2000Q1—2001Q1，2001Q2—2002Q2，2004Q3—

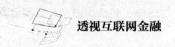

2006Q3，2006Q4—2007Q2，2007Q3—2008Q1，以及2009Q3—2009Q4。如2000Q1—2001Q1为第一轮周期的滞胀阶段，根据投资时钟理论，该阶段的最高收益资产应该为货币类资产。但事实上该阶段收益率最高的资产为大宗商品（图4-7）。

通过引入库存周期进行适当调整，有助于提升资产配置与宏观经济间联系的准确率。具体以库存周期将四个经济周期进行对应调整：主动补库存—过热，被动补库存—滞胀，主动去库存—衰退，被动去库存—复苏，则资产配置与宏观经济间联系准确率显著提升，二者间对应关系更加明确。（图8）

在图4-7、图4-8中，我们针对不同大类资产采用的指标分别是：大宗商品用的是RJ/CRB商品价格指数，货币用的是7天回购利率（最近1个月的加权平均），债券用的是中债综合指数，股票用的是上证综合指数，收益率为期间收益率。期间收益率或年化收益率都基本符合投资时钟理论。粗体的数值所代表的资产为投资时钟理论上应配置的资产，斜体数值代表的资产的收益率超过了理论上应配置资产的收益率。

我们计算了调整后各时期四大类资产实际收益率，发现四大类资产的实际回报率符合投资时钟的预测。但由于中国的货币（现金）在滞胀阶段的收益较高，从来拉高了货币的平均收益。整体而言，在所有经济周期中资产实际回报率无显著差异（表4-5），跟美国的情况类似（表4-1），即：主动补库存—过热，被动补库存—滞胀，主动去库存—衰退，被动去库存—复苏。

起止	轮次	状态	起止	时长（月数）	时长（年）	大宗商品 RJ/CRB商品价格指数	货币 7天回购利率：加权平均：最近1月（B1M）	债券 中债综合指数	股票 上证综合指数
2000Q1—2001Q1		滞胀	2000Q1—2001Q1	15	1.25	16.86%	-3.13%	—	28.01%
2001Q2—2004Q4	第一轮	复苏	2001Q2—2002Q2	15		14.81%	-21.60%	—	-3.79%
		过热	2002Q3—2004Q2	24	3.75	25.13%	24.16%	-0.85%	-18.35%
		滞胀	2004Q3—2004Q3	3		8.25%	-11.32%	0.75%	-12.11%
		衰退	2004Q4—2004Q4	3		-3.86%	-13.63%	0.68%	-10.99%
2005Q1—2009Q1	第二轮	复苏	2005Q1—2006Q2	18		29.70%	8.85%	10.48%	34.56%
		衰退	2006Q3—2006Q3	3		-12.66%	7.84%	1.11%	3.25%
		过热	2006Q4—2007Q2	9	4.25	4.77%	15.23%	-0.83%	114.00%
		滞胀	2007Q3—2008Q1	9		22.16%	-5.00%	3.45%	-9.48%
		衰退	2008Q2—2009Q1	12		-42.74%	-61.83%	8.35%	-28.71%
2009Q2—2013Q2	第三轮	复苏	2009Q2—2009Q2	3		14.77%	11.04%	0.32%	22.90%
		过热	2009Q3—2009Q4	6		12.82%	36.83%	0.17%	8.94%
		滞胀	2010Q1—2011Q3	21	4.25	16.83%	180.71%	3.55%	-27.27%
		衰退	2011Q4—2012Q3	12		-8.14%	-13.75%	6.62%	-11.03%
		滞胀	2012Q4—2013Q2	9		-11.45%	101.16%	3.06%	-4.59%

图4-7 中国经济周期和四大类资产收益率

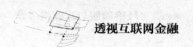

起止	轮次	状态	起止	时长(月数)	状态	时长(年)	大宗商品 RJ/CRB商品价格指数	货币 7天回购利率:加权平均;最近1月(B1M)	债券 中债综合指数	股票 上证综合指数
2000Q2—2001Q2	第一轮	补库存	2000Q2—2000Q3	6	主动补		14.08%	-5.75%	—	6.06%
			2000Q4—2001Q2	9	被动补	2	-10.26%	1.90%	—	15.80%
2001Q3—2002Q3		去库存	2001Q3—2001Q4	6	主动去		-14.71%	-8.71%	—	-25.39%
			2002Q1—2002Q3	9	被动去	3.75	21.19%	4.13%	3.38%	-1.85%
2002Q4—2004Q4	第二轮	补库存	2002Q4—2003Q4	15	主动补		29.81%	3.93%	2.15%	-4.22%
			2004Q1—2004Q4	12	被动补		12.92%	-8.00%	0.01%	-16.52%
2005Q1—2006Q2		去库存	2005Q1—2005Q1	3	主动去		15.42%	-12.95%	3.57%	-4.95%
			2005Q2—2006Q2	15	被动去	3.25	9.00%	-12.81%	7.09%	36.67%
2006Q3—2008Q3	第三轮	补库存	2006Q3—2006Q4	6	被动补		-12.18%	26.55%	2.11%	57.63%
			2007Q1—2007Q2	6	主动补		5.78%	2.20%	0.00%	40.69%
			2007Q3—2008Q3	15	被动去		9.10%	26.00%	5.01%	-40.24%
2008Q4—2009Q3		去库存	2008Q4—2008Q4	3	主动去		-33.13%	26.07%	5.49%	-16.24%
			2009Q1—2009Q3	9	被动去	3	10.89%	-58.24%	-1.00%	47.79%
2009Q4—2011Q3	第四轮	补库存	2009Q4—2009Q4	3	主动补		10.89%	21.76%	0.55%	12.55%
			2010Q1—2011Q3	21	被动补		3.04%	93.98%	3.55%	-27.27%
2011Q4—2013Q2		去库存	2011Q4—2013Q2	21	主动补	4.75	-2.84%	6.35%	9.92%	-15.59%

图4-8 调整后中国经济周期和四大类资产收益率

表4-5 中国2000—2013年四大类资产实际回报率

阶段	大宗商品	货币	债券	股票
过热	23.24%	13.94%	1.35%	24.51%
滞胀	2.86%	30.78%	2.37%	−5.86%
衰退	−9.13%	8.65%	8.44%	−16.35%
复苏	9.95%	−35.53%	3.05%	42.23%
平均回报率	5.46%	10.68%	3.58%	6.54%

资料来源：Wind，宏源证券

而中国经济在每一个阶段中的实际资产回报的具体情况表明：各类资产的回报率偏离投资时钟的波动时有发生（表4-6），中国宏观经济与资产配置关系整体符合投资时钟规律，但在不同阶段与美国存在一些差异。资产回报率情况如下：（Ⅰ）过热时期——大宗商品；（Ⅱ）滞胀时期——货币；（Ⅲ）衰退时期——债券；（Ⅳ）复苏时期——股票。

表4-6 中国2002年到2013年各经济周期实际资产回报情况

过热	月数	大宗商品	货币	债券	股票
2002Q4—2003Q4	15	23.85%	3.14%	1.72%	−3.38%
2007Q1—2007Q2	6	11.56%	4.40%	0.00	81.38%
2009Q4—2009Q4	3	43.56%	87.04%	2.20%	50.20%
—	24	23.24%	13.94%	1.35%	24.51%
滞胀	月数	大宗商品	货币	债券	股票
2004Q1—2004Q4	12	12.92%	−8.00%	0.01%	−16.52%

（续表）

	月数	大宗商品	货币	债券	股票
2006Q3—2006Q4	6	−24.36%	53.10%	4.22%	115.26%
2007Q3—2008Q3	15	7.28%	20.80%	4.01%	−32.17%
2010Q1—2011Q3	21	1.74%	53.70%	2.03%	−15.58%
—	54	2.86%	30.78%	2.37%	−5.86%
衰退	月数	大宗商品	货币	债券	股票
2005Q1—2005Q1	3	61.68%	−51.80%	14.28%	−19.80%
2008Q4—2008Q4	3	−132.52%	104.28%	21.96%	−64.96%
2011Q4—2013Q2	21	−1.62%	3.63%	5.67%	−8.91%
—	27	−9.13%	8.65%	8.44%	−16.35%
复苏	月数	大宗商品	货币	债券	股票
2005Q2—2006Q2	15	7.20%	−10.25%	5.67%	29.34%
2009Q1—2009Q3	9	14.52%	−77.65%	−1.33%	63.72%
—	24	9.95%	−35.53%	3.05%	42.23%
总计	月数	大宗商品	货币	债券	股票
2002Q4—2013Q2	129	5.46%	10.68%	3.58%	6.54%

资料来源：Wind，宏源证券

在单因素方差分析中，四个阶段的检验结果P值均小于0.01，这说明在99%的置信水平下，在每个阶段四种资产的收益率都存在显著差异（表4-7）。

表4-7　单因素方差分析结果

阶段	繁荣	滞胀	衰退	复苏
分布	F（3，92）	F（3，212）	F（3，104）	F（3，92）
F值	4.73	-10.25	5.67	29.34
P值	0.0041	0.0000	0.0000	0.0079

资料来源：Wind，宏源证券

由此得到结论：投资时钟模型反映的宏观经济周期与大类资产配置对应关系基本符合中国宏观经济周期与资产配置，但与美国宏观经济周期和资产配置的对应关系及收益率程度存在一些差异。不过总体上，无论中美都符合投资时钟模型：（I）过热时期——大宗商品；（II）滞胀时期——货币；（III）衰退时期——债券；（IV）复苏时期——股票（表4-8）。

我们发现，在主动补库存过程中，股票和大宗商品收益率无差异，要大于现金和债券收益。在被动补库存过程中，大宗商品和债券收益率无差异，要低于现金，但高于股票。在主动去库存过程中，现金与债券收益率无差异，但高于大宗商品，股票收益最差。在被动去库存过程中，股票收益高于大宗商品、债券，现金收益最低。

表4-8　中美经济周期对应宏观资产配置存在差异

时间阶段/国家	美国	中国
衰退	债券	货币/债券
复苏	股票	股票
过热	大宗商品	大宗商品
滞胀	货币	货币

资料来源：宏源证券

结合上述中国关于投资时钟模型的实用性检验，以及美国货币市场基金与经济周期的相关关系，我们从宏观资产配置角度对中国互联网金融的未来发展进行如下的初步预测。

政策环境方面，由于监管部门持续发声与规范性指导文件出台，市场已经对可能出现的政策监管措施形成较为充分的预期，且从监管部门针对互联网金融的监管态度判断，互联网金融监管的长远方向在于规范而非抑制。社会生活方面，互联网成为人们日常生活方式的一部分已经成为必然趋势，尤其是随着80年代、90年代出生的一代逐渐成为消费主力群体，互联网交易方式和金融渠道得到更为广泛的应用不可阻挡。因此，我们判断宏观经济基本面将成为影响互联网金融发展的重要因素，因为宏观经济基本面影响货币市场基金的发展，进而从宏观资产配置角度影响互联网金融发展。

基于前述对美国货币市场基金发展与经济周期的相关结论，以及该结论在中国适用性的检验，我们得到较为一般性的结论：当宏观经济处于衰退或复苏阶段，货币市场基金基本能够维持一个较为稳定的弱增长速度，且衰退阶段对货币市场基金增长的支撑好于复苏阶段；而当宏观经济进入过热阶段，其对货币市场基金增速有较强抑制作用，尤其是近年来的数据表明，随着金融创新与政策变动，过热阶段导致货币市场基金规模收缩的可能性加大。相反，滞胀阶段对于带动货币市场基金扩张具有显著的作用。

结合当前中国宏观经济基本面，我们预测近一两年内中国难以进入过热的经济阶段，当前面临经济下行风险与融资成本上升的双重压力，介于衰退阶段与滞胀阶段之间，这也是中国互联网金融和货币市场基金出现前期迅猛发展近期回调和部分收缩的重要原因。短期内，中国经济处于衰退与滞胀阶段的局面可能难以打破。因此，我们判断互联网金融与货币市场基金发展维持当前增长水平出现小幅波动可能性较大。但若未来宏观经济明确转向衰退阶段，这一局面将会被打破，货币市场基金与互联网扩张速度可能出现下降。

第五章
利率波动与互联网金融

第一节 | 利率与流动性风险是市场利率波动的两个侧面

众所周知，互联网金融在短期内获得了巨大的关注与青睐，与其渠道相互连接的货币市场基金规模也快速膨胀起来。中国人民银行《中国金融稳定报告2014》显示，互联网金融整体规模接近10万亿元。支付机构共处理互联网支付业务153.38亿笔，金额总计达到9.22万亿元；全国范围内活跃的P2P网贷平台已超过350家，累计交易额超过600亿元；非P2P网贷增长迅猛，仅阿里金融旗下三家小额贷款公司累计发放贷款1500亿元。

互联网金融迅猛发展的一个重要原因，是互联网金融采用以货币市场基金等稳健型投资渠道提供较高收益率。这一现象已经横跨各类型互联网金融模式，成为当前互联网金融的重要特征。货币市场基金能够满足互联网金融各模式对流动性的高度需要，也符合当前中国宏观经济下行和融资成本上升（类滞胀）的背景。货币市场基金收益率与各类型互联网理财产品收益状况高度相关，货币市场基金监管规则成为规范互联网金融的重要政策着力点，

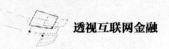

货币市场基金成为承接互联网金融催生出的流动性资金的主导载体。因此，关注和把握货币市场基金对于判断分析互联网金融未来发展具有重要意义。

透视互联网金融发展如此迅速的原因，其中与投资者理性决策最密切相关的是，互联网金融通过货币市场基金为主导的稳健型投资渠道为投资者提供了明显高于银行利率的收益。以目前国内较为热门的余额宝收益率为例，其从2013年6月正式开放至今，收益率虽然出现下降的趋势，但始终维持与各主要银行活期存款利率相比较为明显的优势。2012年7月6日央行调整存款基准利率为3.00%，各主要银行活期存款利率基本以略高于该水平25个到50个基点左右浮动，而与余额宝联通的天弘增利宝基金七日年化收益率显然高于银行活期存款利率，但是这一收益率差距随着时间发展有所收缩（图5-1）。

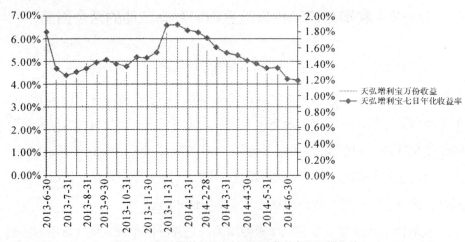

图5-1　天弘增利宝基金七日年化收益率和万份收益

银行活期存款利率与互联网金融提供的收益率之间产生利差，导致市场资金向互联网金融及与其相连的货币市场基金配置，货币市场基金规模因而迅速扩张。因此银行利率波动显然会影响其与互联网金融投资渠道所提供收益率之间的利差，进而影响市场对于互联网金融的需求乃至互联网金融整体的发展速度与规模。

互联网金融提供新的渠道以改良传统金融部分特征，但是传统金融所面临的固有风险并不会轻易发生大的变动。同时由于互联网金融尚处于萌芽阶段，自身固有的监管尚不周全、法律制度定位不明确等问题也显然存在。但这些风险无法由市场力量单纯直接控制，而受政策层面、各金融机构博弈等多种政治、经济、心理因素综合影响，因此暂不对此类风险进行详细探究。

与互联网金融和货币市场基金收益关联最紧密的就是银行活期存款利率。因此我们将分析对象锁定为互联网金融收益率与银行市场活期利率之间的利差波动。从利率波动方向上看，银行活期利率波动存在上升和下降两种可能，这两种方向与互联网金融相联系即成为两条对宏观经济产生深刻影响的传导路径。

第一类通常被称为利率风险，指利率下降的风险。如果银行活期存款利率下降，则市场中的资金成本会降低，市场流动性得到增强，货币市场基金主要优势受到削弱，人们对货币市场基金的需求将会下降，市场对于互联网金融与货币市场基金的配置将会减少，其发展速度与规模将会下降甚至出现负增长。

第二类通常被称为流动性风险，指利率上升的风险。由于互联网金融提供的高收益率会倒逼银行提高活期存款利率，以弥补其与互联网金融高收益率之间的利差，但是由于互联网金融与货币市场基金需要通过同业市场拆借来满足净赎回要求，银行利率上升将提升货币市场基金应对赎回进行拆借的成本，这将影响互联网金融与货币市场基金的流动性。

由此分析我们可以得到结论：通常意义上的流动性风险和利率风险实质是围绕利率这一核心因素上升和下降两种方向所产生的，利率上升对应流动性风险，利率下降对应利率风险。因此，接下来我们将重点讨论利率这一核心因素。

第二节 | 利率波动影响美国货币市场基金

美国利率市场化及利率波动历史

为探讨美国货币市场基金与市场利率变动的关系，我们需要对美国金融市场中利率的波动历史有所了解。结合已经分析过的美国货币市场基金发展历程，我们才能对二者间的关系有更好的了解。

回顾美国利率波动的历史，我们以货币市场基金出现的20世纪70年代为起点。而从20世纪70年代至今，美国市场利率变化的历史应当以美国完成利率市场化的1986年为重要节点分为两段：美国的利率市场化改革从1970年到1986年持续了16年，1986年正式完成利率市场化，而自1986年至今美国始终处于利率市场化的环境中。

20世纪70年代初美国所处的利率管制局面是由于美国在大萧条后出台了一系列法案对银行业进行严格管制。其中最为著名的"Q条例"禁止商业银行对活期存款支付利息，并限制储蓄存款和定期存款规定最高利率。与联邦政府同时推进，各州颁布的《高利贷法令》也限制银行放款的最高利率。

随着通胀率持续高涨并维持高水平，法令直接限定的存贷款利率水平与高通胀局面脱节，美国的银行业逐渐出现了严重的"脱媒"现象，市场对利率自由的金融产品的需求不断发展，推动具备此特征的金融工具不断创新，不断突破，因而资金大规模地向此类金融创新产品与业务进行配置。宏观经济压力与金融市场创新逐渐"倒逼"政府放松乃至最终解除管制。

1970年，美联储首先将10万美元以上、3个月以内的短期定期存款利率市场化，后又将90天以上的大额存款利率的管制予以取消。1973年，美联储取消了10万美元以上的存款利率的限制，导致1973年利息支出急剧增加。1980年3月，美联储颁布了《废止对存款机构管制与货币控制法》，正式推进利率市场化改革，设立存款机构自由化委员会，由该委员会根据经济情况和金融机构的安全性及健全性来调整制度。在1980—1986年间，美联储从大额定期存款开始，逐步向小额定期存款、储蓄存款推进，解除了对存款利率的管制，实现了存款利率的自由化。

图5-2　美国1974—2010年名义利率变动趋势

从图5-2来看，在逐步放开利率管制的过程中，美国金融市场名义利率波动上升，在1974年曾经有过名义利率小高点，在1980年正式颁布法令启动利率市场化，利率水平得到大程度上升，达到最高点。1980年到1986年属于利率市场化的调整阶段，美联储与金融市场中主要金融机构在补充政策和金融工具与业务创新等方面持续进行博弈调整，整体名义利率震荡下降，虽出现过短暂的反弹，但总体上在1986年达到7年来的最低点。1986年利率市场化完成后，金融市场竞争加强，美国名义利率波动下降，并且在下降通道中体现出明显的周期性波动，但周期长度存在差异。

同时对联邦基金市场利率与市场利率进行实证检验时发现，联邦基金市场利率与市场名义之间具有明显的同向相关关系：当联邦基金市场利率上升时，通常市场利率也会相对应地上升；当联邦基金市场利率下降时，市场利率会相对应下降。这印证了联邦基金市场对于市场利率的有效反映以及美国联邦储备银行对利率的影响能力和银行间同业市场的重要性（图5-3）。

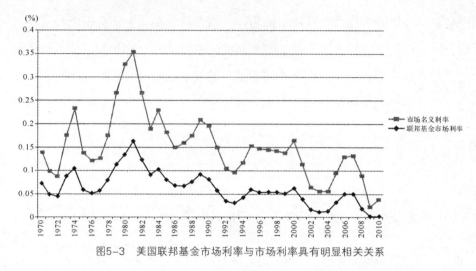

图5-3 美国联邦基金市场利率与市场利率具有明显相关关系

以1970—2010年美国联邦基金市场利率与市场利率真实数据进行计算可得知，总共41个年份中，联邦基金市场利率与市场名义利率较上一年呈现同方向变动的有37个年份，整体上可以确认联邦基金市场利率与市场名义利率的同向相关关系。另一个值得注意的趋势是，1986年利率市场化改革完成之前联邦基金市场利率与市场利率波动，均小于改革完成后联邦基金市场利率与市场利率波动幅度。同时，联邦基金市场利率与市场利率之差受到利率市场化改革影响，变动幅度扩大，这证明银行同业市场对市场利率的影响受到削弱（表5-1）。

表5-1 美国联邦基金市场利率与市场利率具有明显相关关系

年份	联邦基金利率	市场利率	年份	联邦基金利率	市场利率
1970	7.17%	6.68%	1991	5.69%	9.18%
1971	4.87%	4.91%	1992	3.52%	6.89%
1972	4.44%	4.18%	1993	3.02%	6.53%
1973	8.74%	8.66%	1994	4.21%	7.47%

（续表）

1974	10.51%	12.64%	1995	5.83%	9.44%
1975	5.82%	7.86%	1996	5.30%	9.28%
1976	5.05%	7.04%	1997	5.46%	8.91%
1977	5.54%	7.03%	1998	5.35%	8.75%
1978	7.94%	9.51%	1999	4.97%	8.68%
1979	11.20%	15.35%	2000	6.24%	10.17%
1980	13.35%	19.25%	2001	3.88%	7.38%
1981	16.29%	19.10%	2002	1.67%	4.67%
1982	12.24%	14.28%	2003	1.13%	4.36%
1983	9.09%	9.80%	2004	1.35%	4.22%
1984	10.23%	12.52%	2005	3.22%	6.28%
1985	8.10%	10.09%	2006	4.97%	7.97%
1986	6.80%	8.05%	2007	5.02%	8.11%
1987	6.66%	9.16%	2008	1.92%	6.91%
1988	7.57%	9.76%	2009	0.16%	2.10%
1989	9.21%	11.54%	2010	0.18%	3.66%
1990	8.1%	11.48%	----	----	----
联邦基金利率与市场利率较上一年同向变动的年份			37/41		
1970—1986年平均利率差	-1.74%		1986—2010年平均利率差		-3.26%
1970—1986年联邦基金利率平均变动	-0.02%		1986—2010年联邦基金利率平均变动		-0.28%
1970—1986年市场利率平均变动	0.09%		1986—2010年市场利率平均变动		-0.18%

资料来源：Federal Reserve

此外，利率市场化导致了美国商业银行业务的结构调整，虽然美国商业银行业务中利息收入呈现快速增长并逐渐趋稳的态势（图5-4），但是其银行净利息收入增速和占总收入的比重不断下降，中间业务收入占比则有所提升。1979年以后，美国银行业净利息收入增速下降，从1978年的18.27%下降到1990年的2.93%，20世纪90年代逐步上升并保持6%左右的低增速，占总收入的比重也不断下降，从1979年的81.75%下降到2000年的56.89%。非息收入平均增速为13.57%，占比从1979年的18.25%上升到2005年的42.8%。

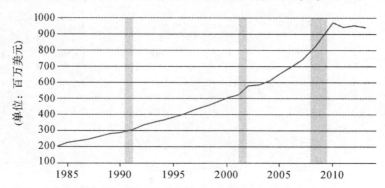

来源：美国联邦金融机构检查评议委员会2014年圣路易斯联储研究
注：阴影部分表示美国经济衰退期

图5-4　1984—2014美国商业银行年利息收入逐渐递增企稳

美国货币市场基金发展与利率关系紧密

美国货币市场基金本身就是在滞胀的背景下兴起的，利率管制正是美国货币市场基金最初产生的重要动因。为了规避Q条款限定的存款利率上限5.25%，美国的鲁斯·本特和亨利·布朗在1971年将储户小额存款集中投资于大额定期存单市场，然后将较高的收益分给投资者。这被视为货币市场基金的起点。

从货币市场基金的现金流向和增长速度来看，市场利率均与货币市场基金的发展呈现密切正相关。从图5-5看出，1971年至2010年货币市场基金净现金流入与联邦基金市场利率走势表明，在绝大多数情况下，联邦基金市场利率上升导致利差加大，货币市场基金净现金流入就会增大；反之，现金就净流出。

图5-5　美国货币基金现金流流向与联邦基金利率呈现正向相关

1973年货币市场基金净现金流入值为36.5亿美元，之后与同期联邦基金利率快速上升的趋势相同，货币市场基金现金流快速增长，到1982年达到单个年份现金流入最大值6119亿美元。之后由于联邦基金利率下跌，现金流出现快速递减，直到1986年、1989年伴随联邦基金利率两次反弹带动货币市场基金现金流流入形成小高潮。

但90年代初联邦基金利率快速下滑，市场再次陷入现金流出的局面。1994年后，联邦基金市场利率企稳，形成稳定预期，货币市场基金每年的平均收益率比储蓄存款高2.5个百分点，这刺激货币市场基金现金净流入不断上升，并在1998年达2354.5亿美元，机构货币市场基金现金流入在2001年达3752.9亿美元，达到10年间的最高峰。

2002年，美国联邦基金利率连续下调，货币市场基金收益率下降，其

平均收益率降至0.88%，货币市场基金与债券市场基金收益率差下降，出现连续3年现金流出的局面。但2005年后受到联邦基金市场利率回升推动，货币市场基金收益率大幅攀升，加上全球经济金融繁荣，现金流再次大幅度流入。2008年金融危机爆发，联邦基金利率快速下跌，货币市场基金现金流快速流出，之后美国经济陷入衰退周期，美联储采用接近零利率的货币政策，导致联邦基金利率大幅下跌，现金流持续流出。

再分析货币市场基金与市场利率之间的关系。从图5-6可以看出，美国1974—2010年间货币基金增长速度与市场名义利率形成明显的正相关关系。除了20世纪80年代末到90年代初，货币市场基金规模的扩张受到心理因素、市场不成熟、政治事件冲击等因素影响，与市场利率发生一定错位。从20世纪70年代至今货币市场基金增长率与市场利率基本符合同向变动的规律，货币市场基金增长呈现在大经济周期波动过程中伴随联邦基金市场利率同向波动的规律。可见，美国货币市场基金自身发展与其主要投资方向收益率和市场利率存在密切正相关关系，与市场利率存在密切联系。

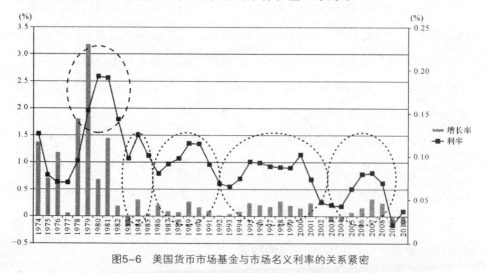

图5-6　美国货币市场基金与市场名义利率的关系紧密

此外，从图5-7明显可以得到结论，货币市场基金与银行活期存款之间利差的大小与货币市场基金现金流方向有明显正相关关系：当利差放大，则现金争相进入货币基金市场，反之则流出货币基金市场。

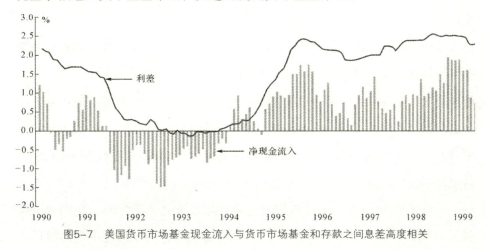

图5-7　美国货币市场基金现金流入与货币市场基金和存款之间息差高度相关

前述联邦基金市场利率与市场名义利率的同向关系，以及货币市场基金的现金流向和增长速度与联邦基金市场利率的密切正相关关系，充分说明了货币市场基金在宏观资产配置方面与现金类资产有着高度的相似，反映出货币市场基金投资方向对应的收益率与利率有着高度正相关关系，货币市场基金的发展前景与利率变动也有着高度相关的关系。

第三节 ｜ 中国互联网金融与利率波动前景预测

中国货币市场基金概况

我国对发展货币市场基金的理论探讨始于1999年，实际操作萌芽于2003年两只准货币基金的成立。2003年5月，南京商行与江苏省内其他10家商业银行共同发起成立了银行间债券市场资金联合投资项目，资金总额达

3.8亿元，年收益率达3.5％。2003年7月南京市、杭州市、大连市、贵阳市、武汉市和深圳市6家市级商业银行共同发起设立的银行间债券市场资金联合投资项目，资金总额达8亿，年收益率达2.88％。

货币市场基金的正式成立是以2003年12月10日三支货币市场基金分别获得央行和证监会批文为标志的。2003年12月10日，华安现金富利基金、招商现金增值基金、博时现金收益基金经历了艰难险阻最终获批，其中华安现金富利基金于2003年12月30日正式成立。直到2004年年初，各货币市场基金平均2％的年收益率，明显高于活期存款利率0.72％和同业存款利率1.62％，这推动了市场对货币市场基金的认可和首轮膨胀。

中国货币市场基金展现出后发优势，增长迅猛。自2003年中国第一支货币市场基金诞生以来，中国的货币市场基金就进入了加速扩张的阶段。2004年一年中货币市场基金规模增长率就高达992.67％。2005年新增货币基金21支。2005年年末，货币市场基金已经接近了1500亿元的规模，托管银行超过了10家。同时交行、工行和建行三家银行都在2005年9月完成基金管理公司的组织构建工作，分别成立了交银施罗德基金管理公司、工银瑞信基金管理公司以及建信基金管理公司。这标志着我国商业银行进驻基金领域，金融混业经营的趋势得到了加强。

货币市场基金在中国的发展在2007年到2010年陷入沉寂，2010年货币市场基金收益率仅为2.5％，第一季度43支货币基金期初份额合计2595.27亿份，期末份额合计1163.99亿份，净赎回1431.28亿份，净赎回比率达到55.15％，货币市场基金缩水过半。

但是随着互联网金融的兴起，中国货币市场基金规模和数量自2012年以来呈现井喷式发展，货币市场基金的投资渠道多元化，收益率不断上升，一度达到5.6％。截至2014年5月，货币市场基金规模从5000亿元增长到接近2万亿元，基金数量从61支增加到120支，货币市场基金占所有基金份额从

21%增长到51%（图5-8）。

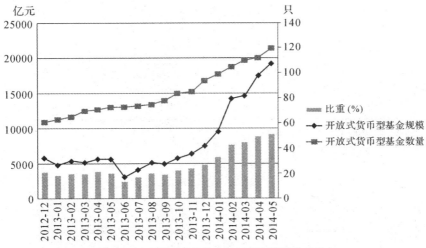

图5-8　中国货币市场基金2012年起呈现井喷状态

　　整体上，我国互联网金融与货币市场基金发展态势良好。以余额宝为例，其高收益、随时提取的特点，辅助以阿里巴巴集团在电商领域的优势和宣传投入使得该款互联网金融产品一经推出迅速获得了成功。2013年货币市场基金7日年化收益率平均约为3.8%，余额宝的收益率却高达5.4%，和同期活期存款相比，资金回报率是后者的十倍左右，并且随时取用。当前余额宝规模逼近6000亿，用户数突破1亿（表5-1，图5-9）。

表5-1　余额宝2013年以来7日年化收益率

时间	收益率	时间	收益率
2013年6月	6.30%	2014年1月	6.36%
2013年7月	4.38%	2014年2月	6.03%
2013年8月	4.69%	2014年3月	5.37%
2013年9月	5.07%	2014年4月	5.04%

（续表）

时间	收益率	时间	收益率
2013年10月	4.76%	2014年5月	4.68%
2013年11月	5.15%	2014年6月	4.24%
2013年12月	6.60%	2014年7月	4.18%

资料来源：宏源证券，天天基金网

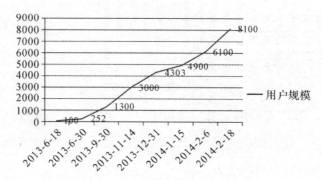

图5-9　阿里巴巴余额宝用户规模不断上涨（资料来源：宏源证券）

分析中国货币市场基金内生模式，其与20世纪80—90年代美国货币市场基金模式高度相似，在优势和局限性上均具有相同特征（表5-2）。一方面，在套现与支付功能上与商业银行活期存款类似，投资者可以通过网络或者移动客户端免费快捷地将货币基金套现并转入银行账户，且许多货币市场基金与电子商务网站甚至银行信用系统相联系，支持偿付信用卡和银行贷款、购物支付、转账等功能。并且货币市场基金收益高于活期存款，这是该类产品在当前中国保持高速增长的核心原因。

另一方面，这种模式存在一些限制：

（1）存在明确的单日赎回上限且这一上限有被监管当局限制下调的风险和预期；

（2）T+0赎回仅适用于互联网直销的货币市场基金，银行渠道和大型金融机构销售的货币首次航基金通常以T+1、T+2的方式赎回；

（3）赎回承诺的履行存在间断先例，发生过拒绝即时赎回或赎回延迟的情况。

表5-2　当前中国货币市场基金与20世纪八九十年代美国模式高度相似

	中国货币市场基金	美国货币首次航基金
变现能力	任意日允许T+0赎回 每日赎回限额为人民币5万到200万（个人机构有区别）	任意日允许T+0赎回
便捷度	现金账户和货币基金自由转账	现金账户和货币基金自由转账
赎回方式	网上/电话赎回	网上/电话赎回
服务功能	部分货币市场基金可以直接偿还 信用卡账单/在线支付	提供免费签发支票功能 可与储蓄卡/信用卡绑定

资料来源：Wind，宏源证券

中国互联网金融与货币市场基金的宏观环境分析

随着互联网、云计算等技术的不断发展，传统电子商务领域不断扩张，互联网对金融业的渗透与日俱增。与此同时，我国金融体制改革日渐被提上日程，金融市场正经历从效率低下的初级阶段向高效而活跃的新时期的过渡。针对中国互联网金融与货币市场基金的宏观环境，我们基于PEST模型从政治、经济、社会、技术等因素分析当前哪些具体因素将对互联网金融的发展产生深刻的影响（图5-10）。

政策因素	经济因素
互联网金融监管法律规范、监管组织架构、行业协会、竞争规则等	宏观经济政策、经济形式(小微企业融资难)、收入分布、就业情况等

技术因素	社会因素
移动互联网、大数据、云计算、金融领域信息系统等	互联网生活潮流、电子商务发展、理财投资偏好

图5-10　中国互联网金融与货币市场基金的宏观环境因素

政策因素对互联网金融领域的监管起到关键作用。当前互联网金融领域呈现繁荣而混乱的状态。作为新生事物，当前互联网金融的发展尚未成熟，这表现在两个方面：一方面，部分互联网金融机构自身的整体运作模式和业务流程存在"越界"灰色地带的现象；另一方面，部分创新产品和业务存在严重漏洞。这些漏洞主要表现在以下方面：

（1）采用有争议、高风险的交易模式，片面追求业务拓展和盈利能力，尚未对其风险控制与产品安全进行充分论证与科学设计；

（2）未建立客户身份识别、交易记录保存和可疑交易分析报告机制，平台容易为不法分子利用进行洗钱和诈骗等违法活动；

（3）存在客户个人隐私泄露风险等等。

针对当前互联网金融初步发展，我国相关监管部门就互联网金融发布了一系列监管政策，包括：《电子银行业务管理办法》《电子银行安全评估指引》《电子支付指引（第一号）》《非金融机构支付服务管理办法》和《非金融机构支付服务管理办法实施细则》《互联网保险业务监管暂行办法》《关于人人贷有关风险提示的通知》《保险代理、经纪公司互联网保险业务监管办法（试行）》《证券投资基金销售机构通过第三方电子商务平台开展业务管理暂行规定》《支付机构网络支付业务管理办法》等。

央行对于互联网监管的总原则是"负面清单"理念，即设置一些禁区。具体监管的五大原则如下：

（1）互联网金融创新必须坚持金融服务实体经济的本质要求，合理把握创新的界限和力度；

（2）互联网金融创新应服从宏观调控和金融稳定的总体要求；

（3）切实维护消费者的合法权益；

（4）维护公平竞争的市场秩序；

（5）成立中国互联网金融协会，充分发挥行业自律管理作用，推动形成统一的行业服务标准和规则。

在互联网金融的监管体系设置上，央行保持着风险监控和鼓励创新相统一的政策理念。当前已经建立的监管组织有：由央行下属的中国支付清算协会组织并发起的互联网金融专业委员会以及各个地方监管部门牵头或民间自发组织成立的互联网金融行业协会，例如2011年在北京成立的中国小额信贷服务中介机构联席会、2012年在上海成立的网络信贷服务业企业联盟，以及2013年9月在北京成立的中关村互联网金融行业协会，北京市金融工作局牵头筹备成立的P2P网贷协会等。此外，互联网金融监管的分工，针对互联网金融混业经营的状况，初步确定为：银监会负责监管P2P行业，证监会负责监管众筹业务，央行则负责监管第三方支付。

从金融体制看，当前中国经济宏观背景的一项重要特征是金融压制，正是在这样的大背景下，居民与企业的理财需求和融资需求不能得到有效满足，而互联网金融存在填补这些需求空白的功能。目前中国利率市场化尚未实现，居民抗通胀的理财需求无法得到满足；同时，广泛的中小企业融资和小微贷款的需求难以得到满足。寡头竞争格局的银行体系先天排斥小微贷款客户，而我国全国范围征信系统发展较晚，尚不健全，为中小企业服务的金融机构例如小额贷款公司等的规范化发展同样时间较短，中小企业贷款无论

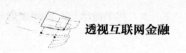

从规模上还是从程序上都存在着种种阻碍。互联网金融不仅为居民提供了门槛极低的理财产品以及新鲜便捷的用户体验，还为小微贷款者提供了方便快捷的融资平台。在这样的宏观经济背景下，填补需求空白为互联网金融发展提供了极佳契机。而传统金融机构的低效率、竞争不充分的弊端也为互联网金融的产生发展提供契机。

而从互联网和电子商务领域发展趋势看，2003年泡沫破裂后的互联网行业重新焕发出新的活力，行业整体上呈现强烈的增长态势；虚拟经济特别是电子商务的发展使得实体经济与网络经济不断融合，满足便捷网上支付的迫切需求使得互联网成为进入金融业的入口；互联网行业从金融领域挖掘到流量变现的可能，金融行业有着巨大的用户价值待挖掘，产业融合的脚步进一步加快，互联网金融得势发展。

信息和互联网技术的进步为互联网金融的飞速发展提供了技术支持。互联网金融的异军突起离不开技术层面的突破，例如以云计算、搜索引擎、社交网络、大数据、移动支付等为代表的新一代互联网和信息通信技术极大加速了互联网和金融的融合与发展。并且，技术的进步降低了交易成本，使得互联网企业能够提供更具竞争力的产品：市场信息不对称程度减弱，个人和企业的日常行为可以被充分地记录、查找和分析，并以此为基础构建风险定价模型，信息处理成本和交易成本大幅度降低，边际交易成本接近于零。同时，因互联网的广泛应用而滋生出以开放、共享、平等、协作为核心的互联网精神，而基于这种精神的互联网企业的创新能力都很强大，它们加速冲击传统金融领域。

在社会生活领域，居民的生活方式和交易习惯正处于不断变化之中。现阶段，生于20世纪八九十年代的群体开始在银行客户的主体中占据一席之地，不愿意排队、对网络应用和操作系统的熟练应用构成这一群体的特点。互联网金融的兴起恰好满足了这类消费群体的需要。而网民基数不断扩大，尤其是手机网民的规模迅速扩大，以及网络购物的兴起和互联网金融消费习惯的逐渐形成，均使得各种消费从线下向线上转移。互联网金融顺应网民需求，迎合时代发展特点，自然而然掀起了时代热潮。

中国互联网金融与利率波动前景

综合上述对中国互联网金融与货币市场基金发展的宏观环境分析，以及对中国互联网金融和货币市场基金发展状况描述，可以知道当前中国互联网金融与货币市场基金发展良好，且势头强劲。然而，当前互联网金融与货币市场基金的发展在市场上仍存在部分悲观预期，其主要原因正是互联网金融面临的流动性风险和利率风险。

从流动性风险角度看，随着货币市场基金规模壮大，其所面临的流动性风险进一步扩大。目前，多数债券和同业借贷无法实现全额动用自有资本金完成当日结算，因此当出现赎回套现需求时，货币市场基金需要向银行进行T+0拆借，并在T+1日结清相应货币市场基金份额。若赎回要求过高则可能导致流动性风险或被迫中止资金赎回。尤其是市场上利率飙升，很可能触发债券违约，而如果货币市场基金面临意外的大规模赎回或自身净值下降的情况，则可能触发类似美国2008年时的大规模货币基金市场的"挤兑"危机。金融危机后，虽然G20峰会和巴塞尔协议III等多项国际组织峰会强调流动性监管和动态拨备覆盖，但是当前中国对于货币基金市场流动性监管仍然较松，货币基金市场高度依赖同业市场拆借模式，流动性风险短期之内难以消除。

以2013年到2014年第一季度为例，货币市场基金持续迅速增长，具备强大变现能力且维持高收益，与活期存款形成巨大息差，导致银行存款外流。考虑中国货币市场基金主要投资于中国的同业存款，达到资产规模的

60%到80%，同业利率上升会提高其收益率，进而吸引更多存款外流，这样就会产生恶性循环，增加银行业的流动性风险。

存款外流趋势从2012年年底到现在呈现复杂趋势，但货币市场基金与活期存款相比呈现持续快速增长态势，反映出货币市场基金对活期存款的吸引作用显著，市场中形成的存款与货币市场基金的循环尚未由于监管加强、商业银行打压货币市场基金等因素而发生明显改变，市场中流动性风险没有得到有效控制且存在放大趋势（图5-11）。

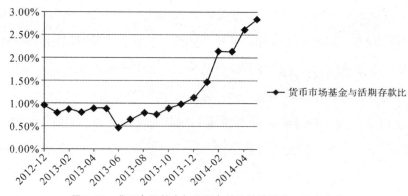

图5-11　货币市场基金与活期存款比持续攀升，势头强劲

由于当前中国宏观经济下行压力加剧，经济增长与产业结构间矛盾尚未充分释放，技术创新乏力，产能过剩问题突出，核心推动力缺乏。因此我们认为，未来一段时间内中国经济很可能在滞胀与衰退之间徘徊，难以出现大幅度经济增长，但由于中国宏观政策调控和刺激有效性的保障，也难以出现短期内大幅度下行进入衰退的局面。因此，我们判断中国经济未来利率将进入一段时间的持续小幅上升的通道，除非宏观政策断然采取紧缩措施，否则利率不太可能出现过大幅度的上升。因此，我们判断货币市场基金流动性风险短期内难以得到释放，将会继续维持并出现小幅上升的趋势，但也难以出现突发性"跌破面值"引发大规模赎回的情况。

不过，监管部门和投资者应该加强对流动性风险的关注，尤其注意其与经济周期、利率波动的联动关系。借鉴美国的经验，2008年金融危机期间美国货币市场基金Reserve Primary "跌破面值" 之前，很多投资者都没有意识到这种流动性风险的存在，最后Reserve Primary不得不核销其持有的雷曼债券，其净值跌至97美分，导致投资者产生焦虑情绪，并几乎引发货币市场基金挤兑风潮。且这场风波的后续影响是2009年美国货币市场基金资产规模下降了13%。[1]加强对货币市场基金流动性的监管很可能成为未来监管当局的关注焦点，也会逐渐成为投资者理性决策的考察因素，货币市场基金可能出现理性收缩。

另一方面，利率风险与流动性风险相反，是利率下降导致的潜在风险。当前中国货币市场基金强劲发展使得市场对其流动性风险出现担忧，反向证明当前经济内生机制引发的利率风险不突出，即经济机制导致利率下行使得流动性放宽，进而带动货币市场基金收益率下降，使得需求受到削弱的可能性不大。

表5-3 当前中国主要商业银行活期存款利率

银行	活期存款利率	银行	活期存款利率
工商银行	3.50%	招商银行	3.85%
建设银行	3.50%	中信银行	3.85%
中国银行	3.50%	光大银行	3.85%
农业银行	3.50%	华夏银行	3.85%
邮储银行	3.50%	广发银行	3.85%
交通银行	3.50%	兴业银行	3.85%

资料来源：中国人民银行，wind，宏源证券

---

[1] 马宁、李南、吴双：《同业市场（七）：T+0货币市场基金的快速增长可能加大系统流动性风险》，载《证券研究报告》2014年1月29日。

综合分析利率风险与流动性风险，货币市场基金利率下降风险不突出，而流动性风险短期内难以得到释放，将会继续维持小幅上升的趋势，围绕当前主要商业银行活期存款利率3.50%的水平向上小幅浮动（表5-3），货币市场基金需求短期内小幅增长，互联网金融未来前景仍然看好。但是由于宏观经济形势不明朗，中期利率变动方向难以确定，因此我们认为，需要密切关注潜在的流动性风险和利率风险，考虑两类风险对货币市场基金和互联网金融的影响。

中国互联网金融与中长期利率波动前景

上面我们已经充分分析了中国互联网金融与利率波动的联系，也对短期利率市场进行了分析，接下来我们分析中国当前中长期利率的未来走势。

我们采用一个简洁有效的利率分析框架，以资金供给需求统领影响利率的因素，把握国际收支缺口和"储蓄—投资"缺口这两大核心要素来分析利率的走势。该分析框架的优势在于，可以直观地看清决定均衡利率水平的根本原因，同时对称地纳入需求方面的变动，来全面分析均衡利率水平的变动方向，同时也化繁为简，抽象掉中央银行和商业银行部门政策对利率的复杂反馈机制（图5-12）。

这里采用的模型框架类似于英国的罗伯逊（Robertson）和瑞典的俄林（Ohlin）所提出的利率决定的可贷资金理论。该理论认为，可贷资金的供求状况决定了利率。资金的借贷既受到实物市场的影响，又受到货币市场的影响。影响可贷资金的供给的因素主要有：当前储蓄、出售固定资产的收入、窖藏现金的启用、新增货币量。影响需求的因素主要有：当前投资、固定资产的重置与更新、新增窖藏货币量。[1]

---

① 张健华：《利率市场化的全球经验》，机械工业出版社，2012年。

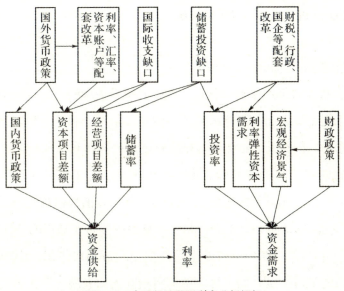

图5-12 宏观经济层面利率分析框架

如图5-13所示：图中横轴代表市场中的资金量或货币量，纵轴代表利率水平。S曲线代表资金供给曲线，D曲线代表资金需求曲线。资金供给S主要取决于储蓄率、货币供应量和利率水平等因素，储蓄率越高或货币供应量越高，资金供

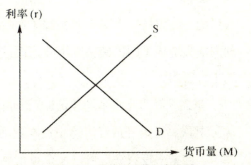

图5-13 调整的可贷资金模型

给越多；利率水平越高，资金供给也越多，所以供给曲线S向右上方倾斜。资金需求D主要取决于投资率、现金需求和利率水平等因素，投资率越高或现金需求越高，资金需求越高；利率水平越高，资金需求越低，所以需求曲线D向左下方倾斜。

资金供给方和资金需求方四大要素

第一个要素是储蓄—投资缺口。

为了分析中长期利率波动状况，我们必须首先理清：宏观经济的短期波动多由需求面主导，而长期趋势则多由供给面主导。利率的长期趋势受到人口结构的影响，因此人口结构会直接决定资产价格和利率水平。

中国过去几十年的经济腾飞很大程度上是受益于人口红利所带来的储蓄—投资正缺口。20世纪70年代后中国的社会抚养指数相对较小，总人口中15—64岁劳动人口比重持续上升，带来了储蓄—投资正缺口的持续扩大。

然而，中国人口结构正在发生深刻变化。自2012年起，中国15—64岁的劳动人口的绝对数量开始下降。中国将走向人口老龄化，人口红利渐行渐远，储蓄—投资缺口将收窄。中国的人口模型显示，自2012年起，15—59岁人口的占比将持续下降，到2022年左右60岁以上人口占比加速提升。人口红利的消失造成了国民储蓄率下降，而这将进一步导致总体利率水平面临长期的上行压力。

第二个要素是资本跨境流动与国际收支状况。

其次，考虑开放经济跨境资本流动对利率决定的影响。在市场开放的条件下，储蓄—投资缺口可以在全球市场消化。储蓄—投资的正缺口会使净出口增加，进而使得外汇储备增加，而一国经济也会实现无通缩均衡；储蓄—投资的负缺口也会带来净进口，使得外汇储备减少，同样可以使得一国经济实现无通胀均衡。

一个国家的国际收支由经常项目、资本和金融项目、储蓄资产、净误差以及遗漏项组成。主要的经常项目可以被分成四个部分：货物、服务贸易、收益和经常转移项。而资本和金融项目则可以被分为资本项目与金融项目（包括直接投资FDI、证券投资和其他投资）。

中国长期以来的国际收支状况是经常项目以及资本和金融项目的"双顺差",仅1998年和2012年是例外(图5-14)。

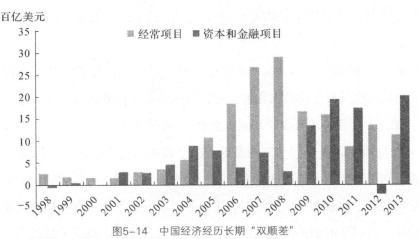

图5-14 中国经济经历长期"双顺差"

中国的人口红利导致的储蓄—投资正向缺口使中国的经常项目长期出现顺差,低廉的劳动力成本促使全球劳动密集型产业向中国转移。此外,改革开放以来中国政府大力推出优惠政策以吸引外商直接投资,这进一步推动我国劳动密集型、出口导向型主导产业格局的形成。这也导致了我国国际收支长期的"双顺差"局面,汇率升值压力一直居高不下,而固定汇率制度下的汇率升值经过利率平价机制的传导转变为利率下行的压力。

展望中国未来的国际收支状况,储蓄—投资缺口的收窄将直接导致经常项目顺差的逐步回落,中国劳动力成本的上升以及美国等国家主导"制造业回流"和"工业复兴计划",将给中国经常项目顺差带来下行压力。从另一个角度来看,发达国家货币政策逐步正常化,加息周期将逐步启动。此外,我国资本账户的开放将直接导致对外直接投资规模的扩大,而这将驱动资本项目顺差进一步收窄,甚至可能出现逆差。

根据上述分析,未来中国的国际收支将更趋均衡,"双顺差"情况可能将向经常项目顺差收窄、资本项目顺差收窄甚至走向逆差的过程发展,这一过程将直接影响汇率水平。国际收支的未来走势将使人民币面临贬值压力。中国未来国际收支的走势最终也将诱发利率上升的压力，储蓄—投资缺口收窄和资本账户开放带来的资金供给收缩都是确定的，利率上行压力将持续存在。

综上分析人口结构冲击下的储蓄—投资缺口和国际收支状况的传导作用，可以看出从资金供给面角度上看，中国中长期利率面临较大上行压力。

第三个要素是地方政府和国有企业软约束硬化。

在此须考虑资金需求方的变动。由于投资渠道有限和资本流动管制等因素，居民对利率变动反应能力有限，而受到计划经济遗留影响，中国的公共部门主导了储蓄和投资，政府和国企的储蓄投资行为带有明显的预算软约束特征，与利率的相关性较低。预算软约束的公共部门获得了超额的资金供给，直接导致了资金运用的无效或者低效。这就导致中国整体资金需求曲线D的需求利率弹性非常小。

软约束的硬化将增大资金需求曲线利率弹性，有利于减少无效投资，以达到降低利率的效果。乐观地看，如果未来中国逐步弱化政府官员投资导向的绩效考核，建立权责发生制的政府综合财务报告制度，建立地方政府资产负债表，大力推行地方政府资产负债审计，促进地方政府举债规范化，或能有效硬化公共部门的预算软约束。这样公共部门将更多地基于风险收益原则进行投融资行为，这有利于减少公共部门的无效投资，提高资金运用效率，也有利于减少对私人部门投融资的挤出效应，客观上能达到降低利率的效果。

但是地方政府和国企软约束硬化是一个漫长而曲折的过程，难以在短期内以指令下达形式立即使这一决策得到完整落实，并且这一过程中也必将伴随着不小的阻力和思维转变。软约束硬化需要彻底改变地方政府行政与国企经营管理的原有的陈旧理念，自然难以一蹴而就。因此我们认为，预算软约束硬化对于资金需求曲线弹性的改变是一个相对缓慢的过程，在经济分析框架下属于超长期影响因素。

第四个要素是公共部门和房地产投资需求变动。

在宏观经济景气下行的情况下，资金需求下降，这将驱动利率下行。资金需求主体面临的约束变化将促使其收缩资金需求，比如地方政府受到债务约束，其融资需求会受限，行业景气下行会使得房地产融资需求趋向收缩。地方政府主要是受限于中央对地方政府债务的规范，比如中央在政绩考核中降低GDP权重以及加强地方政府债务离任审计、事后追责等机制，这些措施出台后，地方政府的资金需求有所收缩。

房地产是资金需求的另一个重要主体，但今年以来房地产新开工和商品房销售累计同比均大幅下滑，出现了负增长。房地产行业景气的下滑加大了市场的忧虑，关于房地产是否有泡沫、泡沫是否到了破裂的时候的讨论成了话题热点。如果房地产市场真到了关键拐点，中国的资金需求无疑将在短期内大幅下降。

但是，自2014年7月以来，中国各地房地产市场逐步放宽交易限制，中央政府发出维持房地产市场基本稳定的政策信号，默许地方政府适当"放水"房地产交易，同时允许国有商业银行适度降低房屋信贷发放标准，这在一定意义上对中国房地产市场释放出托举信号。中央政府此番调整房地产市场政策，维护房地产市场基本稳定，避免房地产价格出现大幅度波动，根本原因在于，在当今中国，房地产市场是宏观经济发展重要的信号灯，牵一发而动全身，中央政府在确保宏观经济增长的大前提下不可能放任房地产市场出现大幅度"泡沫"破灭的状况，因为那势必引起中国宏观经济的震动与衰退。因此，预计未来较长一段时间内，房地产市场价格不会出现突然大幅度下跌的情况，而房地产市场刚性需求依然强劲，其受到当前政策抑制无法在短期内释放。反映在可贷资金市场上即潜在资金需求依然旺盛，公共部门和

房地产需求对于利率下行的冲击幅度很小，难以出现方向性转变。

我们认为当前较为合理的经济预期是，储蓄—投资缺口收窄将导致经常账户顺差减少，美国提前加息和中国加快资本账户开放的政策将导致资本账户顺差减少甚至发生逆差，这两方面影响导致资金供给收缩力度加强；然而在政府托底政策的影响下，资金需求面不会大幅下滑。总体上来看，供给收缩力度大于需求收缩，这将会导致利率水平上行。综合以上分析，我们预计，除非出现特殊性政策或者宏观经济基本面出现根本性恶化，我国中长期利率水平将震荡上行。

从人口周期看利率水平

在人口统计中，少儿人口（0—14岁）和老年人口（65岁以上）被视为被抚养人口，而15—64岁人口被视为抚养人口，以被抚养人口与抚养人口比反映人口结构，抚养比反映了社会对老年人口与少儿人口的负担情况。

第六次人口普查结果显示，0—14岁人口占16.60%，比2000年人口普查时下降6.29个百分点；60岁及以上人口占13.26%，比2000年人口普查时上升2.93个百分点，其中65岁及以上人口占8.87%，比2000年人口普查时上升1.91个百分点。

从图5-16可以看出，从1980年开始，中国经由1985年的盈亏平衡期的过渡，最终转变到1990年时的人口红利期。第一代（1950—1957年）和第二代（1964—1973年）婴儿潮出生推动抚养比上升，随着主力婴儿潮进入工作阶段，抚养比持续下降，此时出现第三代婴儿潮（1987—1991年）。以50%的总抚养比作为人口负担高低的门槛，1990年左右中国的"人口机会窗口"打开，社会享受较低的人口负担，2010年左右人口负担降到最低。第六次人口普查结果显示，0—14岁人口占16.60%，60岁及以上人口占13.26%，比

2000年人口普查时上升2.93个百分点，其中65岁及以上人口占8.87%，人口抚养比为34.17%，基本达到底点，未来抚养比将会缓慢回升。由于第一次婴儿潮进入退休阶段，主要由老人抚养比推动总抚养比上升，第三次婴儿潮的"80后"进入工作年龄，降低了少儿抚养比，这种趋势一直将维持至2030年左右，人口红利的机会窗口将会关闭。从2030年开始，中国将从人口红利期经由2035年盈亏平衡期的过渡，于2040年进入人口负债期，且人口负债的程度随着时间的推移而迅速增加。

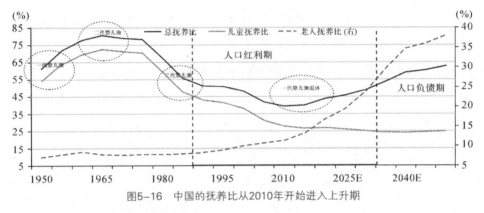

图5-16　中国的抚养比从2010年开始进入上升期

　　根据生命周期投资理论，个人根据一生的预期收入分配不同年龄阶段的收入，通过不同的投资储蓄比进行平稳消费，以实现整个生命周期中的效用最大化。劳动力人群具有收入来源，在收入较高时，会增加储蓄，购入资产，实际利率水平下降。而非劳动力人群，即在年幼和老年时期，没有收入来源或收入很少，储蓄率相应降低，出售资产以满足消费需求，实际利率水平上升。

　　吉纳科普洛斯（Geanakoplos）等人从生命周期理论出发，利用美国人口结构建立代际交叠模型，证明高储蓄—低储蓄人口比例与金融资产价格呈正比，与其收益呈反比。阿贝尔（Abel）在考虑遗产动机的基础上，建立均衡模型，指出"婴儿潮"一代人进入老龄化阶段后会导致资产价格下降。

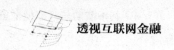

　　赵惠利用代际交叠框架结合价格调整模型得到的结论，即不断减少的年轻人对应着不断减少的资产需求，不断增加的老年人则对应着不断增加的资产供给，人口老龄化会带来资产供需的严重失衡，资产供给大大超过资产的需求，势必带来资产实际价格的下降。从投资需求与资产供给均衡结果来看，随着新增人口的减少，利率水平将上升。

　　同样，我们把结论扩展到一般化，由于15岁以下少儿人口与65岁以上老年人口的收入特征类似，都是非劳动力人口，所以不再区分少儿抚养比和老年抚养比。以抚养比替代老龄化的表述，即在抚养比上升过程中，资产价格下跌，实际利率上升。

　　图5-15中所示美国人口结构与利率水平也印证了这一点。从二者走势来看，低储蓄人口占总人口比重较大时，利率水平较高；而劳动力人口占比高时，利率水平较低。

资料来源：Wind，申万宏源证券

图5-15　美国低储蓄人群比例与国债收益率正相关

　　图25为中国人口抚养比与十年期国债利率的走势图。从图中可以看出，2010年之前随着抚养比的不断下降，利率水平亦呈下降趋势，在抚养比见底后利率也出现一定的回升。这与利率市场化进程加快的现实符合。

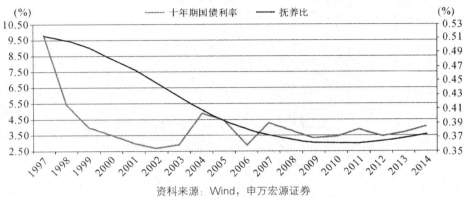

资料来源：Wind，申万宏源证券

图5-17　中国人口结构与国债收益率

第六章
互联网金融与传统金融的冲突

第一节 | 互联网金融对传统金融存在显著影响

在前两章我们已经明确，互联网金融体现在货币市场基金已经被定义为一类明确的宏观资产，类似于现金类宏观资产，并且我们已经详细论述了宏观资产配置与经济周期的联系。当前中国互联网金融和货币市场基金规模快速膨胀。根据中国人民银行《中国金融稳定报告2014》，互联网金融规模迅速膨胀，整体规模接近10万亿元。鉴于宏观资产配置资源的稀缺性，互联网金融和货币市场基金的配置必然会对其他类别的宏观资产配置形成冲击。互联网金融具备多种不同的业务模式，如第三方支付、电商小贷、P2P网贷、众筹、电子货币等，而多种业务模式的互联网金融对传统金融的冲击路径存在差异。但总体而言，从宏观资产配置角度上看，互联网金融和货币市场基金与传统金融相比，在资金资源、信息处理等方面具有明显的竞争优势。

无论是新兴的互联网金融还是传统金融，本质上都是以资金为代表的跨越时间和空间的资源配置，由跨时空配置中存在的信息、供需匹配等一系列中间环节催生出中介机构。而中介机构的核心功能在于减少信息不对称、降低交易成本，实现对资产的合理定价，带动金融市场高效运转，并以此获得风险补偿和服务收入。中介机构的盈利来源主要表现在：利用信息收集处理等优势降低信息不对称，控制交易成本；合理定价风险事项，匹配风险收益，通过提供一系列围绕降低交易成本和风险定价的服务来获得收入。

中国金融业虽然得到了巨大的发展，但时至今日中国金融业本质上仍然具有较强的管制色彩，市场化程度有限，也正因此当前中国金融市场存在巨大的套利空间。以2012年7月6日最新调整的银行存贷款利率基准为例，活期存款年息0.35%，一年期定期3%，而同业存款达5%—6%。互联网理财产品正是充分利用息差，通过互联网渠道汇聚小额资金，存入银行同业账户，由此向用户提供高于活期存款10—15倍的理财产品。传统金融机构的低效率、竞争不充分以及利率管制的弱点成为互联网金融壮大的重要原因。

互联网金融的出现与发展，乃至对传统金融渠道产生深刻冲击的另一个重要基础，便是庞大的互联网用户群体的出现。在信息流动和技术进步的推动下，互联网对金融业的渗透率不断提升。数据显示，截至2014年6月，我国网民人数达6.32亿，半年共计新增网民1442万人。互联网普及率为46.9%（图6-1）。手机网民人数首次超越传统PC网民规模，截至2014年6月，我国手机网民人数达5.27亿，较2013年年底增加2699万人，网民中使用手机上网的人群占比进一步提升，由2013年的81.0%提升至83.4%（图6-2）。

网络尤其是手机移动互联网的普及推动了各种类型网络应用的发展，尤其是网络购物的兴起带动互联网金融消费习惯逐渐形成。中国互联网络信息中心（CNNIC）数据显示，除网络炒股在用户规模和使用率上出现下滑外，网购购物、网上支付和网上银行均快速提升，互联网理财产品用户规模也已经达到6383万，使用率为10.1%（表6-1）。

万人

图6-1　网民人数、互联网普及率快速提升

万人

图6-2　手机网民人数及占网民比重持续提升

表6-1　我国网民金融业务网络应用用户规模与使用率基本呈现持续攀升趋势

应用	2014年6月		2013年12月		
	用户规模（万）	网民使用率	用户规模（万）	网民使用率	半年增长率
网络购物	33151	52.5%	30189	48.9%	9.8%
网上支付	29227	46.2%	26020	44.4%	5.5%
网上银行	27188	43.0%	25006	42.0%	8.7%
手机网上支付	20509	38.9%	12548	25.1%	63.4%
手机网上银行	18316	34.8%	11713	23.4%	56.4%
互联网理财	6383	10.1%	–	–	–

资料来源：CNNIC、宏源证券

　　互联网金融和货币市场基金的迅猛发展对传统金融产生的多方面冲击，重点表现在不同金融中介机构及金融交易模式的冲击。围绕降低交易成本和风险定价，金融行业发展演变出不同业态。拆解传统金融行业业态，可将之分为基金、证券、保险、银行、信托五大业态（表6-2）。互联网金融根据不同业态对传统金融领域的冲击围绕降低交易成本和风险定价两个维度产生。互联网的普及和大数据技术的发展，使信息不对称程度下降，交易成本降低。互联网金融机构在信息收集分析、深度挖掘开发上具备优势，这使得其对传统金融营利模式的冲击更加明显。

表6-2　传统金融不同业态及业务

不同业态	基金	证券	保险	银行	信托
降低交易成本	份额申购 份额赎回	经纪业务 融资融债业务	承保业务	吸储业务 汇款业务	募资业务
风险定价	投资业务	研究业务 投行业务 资产管理业务 自营业务	投资业务 精算业务	贷款业务 投资业务	投资业务

资料来源：华泰基金，宏源证券

第二节｜互联网金融对传统金融冲击存在系统性路径

互联网金融对传统金融的冲击主要集中在三方面：客户资源争夺、盈利基础被侵蚀以及风险定价优势地位被弱化。[1]

对客户资源的争夺

首先，互联网金融的迅速发展将争夺金融机构的部分客户。在争夺用户方面，互联网企业在与传统金融机构竞争中的优势来源于两大方面。其一是互联网金融企业能利用自身流量大、信息挖掘充分、市场流动性强等特点，推动流量扩张和用户规模增长，降低互联网金融机构所提供金融产品与服务的费用，提升所提供金融产品的收益率，对扩张互联网金融产品的需求具有直接性的作用。互联网金融迅速发展，最直接的原因就是互联网金融通过以

---

[1]　齐庆华：《反守为攻 传统银行打起网络牌》，http://www.cien.com.cn/html1/report/1501/981-1.htm，2015-01-13。

货币市场基金为主导的稳健型投资渠道为投资者提供了明显高于银行利率的收益。以余额宝收益率数据为例，它始终维持了比主要银行活期存款利率更为明显的收益率优势（表6-3）。

表6-3　余额宝2013年以来7日年化收益率

时间	收益率	时间	收益率
2013年6月	6.30%	2014年1月	6.36%
2013年7月	4.38%	2014年2月	6.03%
2013年8月	4.69%	2014年3月	5.37%
2013年9月	5.07%	2014年4月	5.04%
2013年10月	4.76%	2014年5月	4.68%
2013年11月	5.15%	2014年6月	4.24%
2013年12月	6.60%	2014年7月	4.18%

资料来源：天天基金网，宏源证券

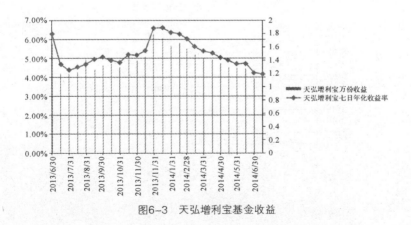

图6-3　天弘增利宝基金收益

其二是经营文化上的巨大差异导致用户体验的差异。互联网金融机构强调流量与用户体验，不断输入资金支持流量扩张，之后才考虑盈利目标。传统金融机构以利润作为主要指标，创新建立在盈利预期之上。这导致互联网企业用户规模快速增长。数据显示，QQ、微信、支付宝、新浪微博等互联网平台用户人数已经达到传统金融机构无法企及的水平（图6-4）。互联网企业集聚了巨大客户群，成为提供理财服务的理想平台。银行作为基金、保险、理财等产品的主要销售渠道正在面临被互联网企业分流的挑战。更为直接的表现是，互联网支付平台用户已经达到10.89亿人次，以阿里巴巴余额宝为例，其用户增长趋势相当惊人（图6-5）。

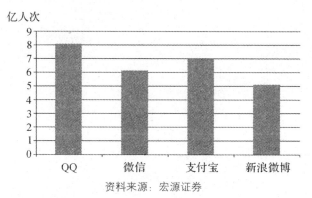

资料来源：宏源证券

图6-4 中国网络平台客户数量

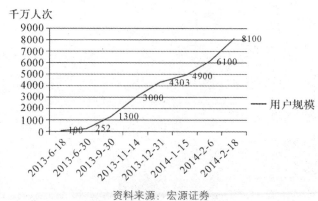

资料来源：宏源证券

图6-5 余额宝用户规模增长趋势

客户资源无论对于互联网金融企业还是传统金融机构都是生存根基。因此互联网金融机构在客户资源争夺上给传统金融机构带来的冲击也是传统金融机构进行最直接回应的渠道。主要银行自建电商平台回应互联网金融冲击的入手点就在于客户资源的争夺。对银行来说，开辟信息化电商平台的核心价值在于：

（1）开辟用户范围，增加用户黏性；

（2）积累真实可信的用户数据，为依靠自身数据发掘用户的需求奠定基础。

传统银行贷款的流程化和固定化促使银行为了节约成本和风险控制，更倾向于向大型机构提供服务。借助信息技术，银行可以尝试搭建平台和中小企业直接合作，增强自身服务范围，争取以中小企业为代表的客户群体。更为重要的是，银行通过建设电商平台，可以积累数据，形成一个"网银、金融、电商"三位一体的互联网平台，以应对互联网金融的挑战。建行推出"善融商务"，交行推出"交博汇"等金融服务平台，都是银行推行信息化的有力措施。

对盈利基础的侵蚀

其次，互联网金融和货币市场基金利用边际成本优势削弱了金融机构的盈利根基。互联网具有规模经济与范围经济的双重作用，互联网的边际成本随着用户规模的不断扩大会快速下降直至逼近为零，这导致互联网金融在降低交易成本、提升金融产品盈利性方面会给传统金融带来震撼性冲击。我们对互联网金融和货币市场基金的发展与利率的相关性做出的详细实证研究，可以印证互联网金融在降低交易成本、提升金融产品盈利性方面确实具有独特的优势，这一优势对传统金融机构的盈利根基形成了巨大的冲击。银行活

期存款利率与互联网金融提供的收益率之间的利差，导致市场资金向互联网金融及与其相连的货币市场基金进行配置，货币市场基金规模迅速扩张，冲击宏观资产配置中其他类型资产的配置。

第三方支付和众筹模式、互联网理财产品是削弱传统金融机构盈利根基的代表，同时也代表着两种不同的路径。第三方支付的优势集中于结算费率及相应的电子货币、虚拟货币领域。第三方支付平台利用其积累的客户在采购、支付、结算等方面的完整信息，以低廉成本联合相关金融机构为其客户提供更优质、更便捷的信贷等金融服务，不断走向支付流程前端，逐步涉及基金、保险等金融业务，蚕食银行的中间业务。同时，支付公司也开始渗透到信用卡和消费信贷领域。众筹模式利用互联网和SNS传播特性，宣传展示创意与项目，通过"团购+预购"的形式，在网络平台上募集项目资金，以传播范围广、用户数量大等优势降低筹资成本，削弱传统金融机构通过存贷利差获得高收益的能力。而互联网理财产品往往基于低端客户的理财需求因服务成本过高等原因长期被银行等传统机构忽略的背景，依托庞大的用户群体，提供相较于银行活期存款利率较高的收益率，满足中低端客户理财需求，导致银行活期存款出现大量转移。这一趋势又倒逼银行活期存款利率出现整体性上升。

对风险定价优势的削弱

最后是互联网金融机构通过减少信息不对称削弱了传统金融机构在风险定价、匹配、交易方面的优势。传统金融机构利用其在传统经济金融活动中所掌握的信息资源，以风险定价与交易作为利润的重要来源。但随着互联网和移动互联网的普及，网络在经济领域的载体作用日益凸显，传统金融机构的风险识别、定价与交易优势受到挑战，互联网金融机构展现出更加强大的信息优势。

P2P网贷模式就是互联网金融冲击传统金融业在风险定价、匹配、交易等方面优势的重要代表。P2P网贷利用互联网金融优势，降低信息不对称程度，拓展了融资渠道。但从目前来看，其主要针对小微企业及个人用户，资信程度相对较差，贷款额度相对较低，且由于审贷效率低、批贷概率低等缺点，暂时很难撼动银行在信贷领域的霸主地位，无法对银行造成根本性冲击。不过，这一冲击路径的能力正在不断得到提升。以阿里小贷为例，其强调信息深度挖掘，减少信息不对称，利用自身电商平台实现商品流、资金流、信息流的合一闭环，能更好地评估和控制风险。同时其利用电商平台的交易数据，开发金融服务领域，打造基于大数据技术的金融服务和产品。截至2013年2季度末，阿里小贷已经为超过32万家小微企业、个人创业者提供了融资服务，累计投放贷款超过1000亿元。

大数据金融模式是以海量数据作为基础的，进而增加了风控的力度，满足了金融机构深度数据分析的需求。大数据金融有效地利用了历史沉积数据，推动了金融产品和服务的创新，它能通过对数据的分析开发出新的模型，对客户消费模式的分析能进一步深化，从而提高服务水平和营利能力。

基于以上分析，我们可以将互联网金融的各个主要业务模式和互联网金融对传统金融产生的冲击进行对接，以阐明互联网金融对传统金融领域的冲击的系统性路径（图6-6）。[1]

---

① 周华：《互联网金融对传统金融业的影响分析》，载《南方金融》2013年11期。

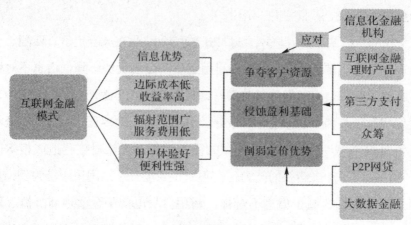

图6-6　互联网金融对传统金融领域的冲击具有系统性路径

第三节｜互联网金融对商业银行的冲击具有周期规律

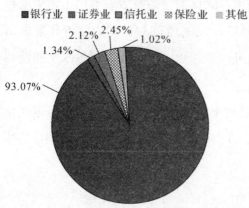

■银行业 ■证券业 ■信托业 ⊠保险业 ■其他

2.12%　2.45%

1.34%　　1.02%

93.07%

图6-7　中国金融系统各类型业态所占资产比重

当前中国金融系统业态分布失衡，与发达国家存在较大差异。银行业占金融业资产比例大概在93%以上（图6-7）。同时，不同互联网金融业务模式对传统金融业产生冲击的传导路径依照业务特点有所区别。因此此处重点锁定在互联网金融对银行业的冲击。

互联网金融对商业银行的冲击路径

综合来看，互联网金融的出现与发展对商业银行的影响在于加快金融脱媒、利率市场化、存款理财化、贷款债券化、金融行为线上化。商业银行的传统经营模式受到冲击，具体表现在数据收集与中间服务收入、资金来源与信贷资源三个方面。

第一，以第三方支付为代表的互联网金融业务模式凭借低交易成本、便捷支付的特点挤占了银行的部分中间业务收入。同时，第三方支付等互联网金融交易一方面掌握除资金流动交易金额等传统商业银行可以掌握的信息外，还能够获得购物类别、习惯等附加信息，提升了中间业务的服务质量与效率；另一方面，第三方支付等互联网金融业务在数据信息搜集处理的优势反向阻隔了银行与实际交易的联系，造成银行交易数据的流失，削弱了银行的数据挖掘能力。

第二，余额宝、理财通等互联网理财产品，以其低门槛、随用随取、收益较高的特点，迅速吸引了大批用户，导致资金门槛较高、流动性较低、收益率相对不足的商业银行理财产品需求下降。商业银行的资金资源在利率中枢抬升、存款利率受到管制的背景下本来就面临着流出压力，互联网金融的业务拓展进一步对银行资金来源——尤其是活期存款——产生了明显冲击。

第三，在利率市场化、金融脱媒的背景下，互联网金融与商业银行争夺中小客户信贷资源。互联网金融基于大数据和挖掘深层次交易信息而建立了客户"软信息"的风险评价体系，有效地提高了信贷效率，降低了融资成本，更加符合以小微企业为代表的中小客户的需求，因而对银行信贷产生"挤压"。

互联网金融对商业银行的竞争规律

如前所述，我们已经明确互联网金融的主导投资方向是货币市场基金，而货币市场基金在投资时钟中类似于现金类资产。我们已经通过对美国20世纪70年代至今的互联网金融与货币市场基金发展模式的实证研究，得到了货币市场基金与经济周期密切联系的结论。其与现金类资产的特点吻合，在滞胀时期快速增长，在衰退时期受到抑制，这证明了互联网金融和货币市场基金的发展与经济周期密切相关（图6-8）。通过分析互联网金融与货币市场基金对商业银行产生的巨大冲击，我们有理由认为，商业银行的资产类别也与经济周期具有密切关系，并且与互联网金融及货币市场基金具有此消彼长的关系。

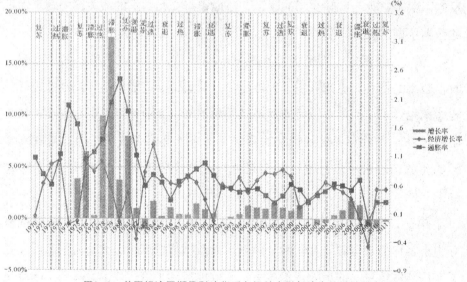

图6-8　美国经济周期是影响货币市场基金增长速度的关键因素

同分析美国货币市场基金发展与经济周期的联系一样，我们仍然将美国1975年到2011年的经济周期作为分析的时间背景，采用美联储公布的GDP增长率和CPI数据来划分1970—2011年美国经济周期，并将之为四个阶段：衰退、复苏、过热和滞胀。各阶段经济周期划分结果同图8。

接下来，重点考察美国1975年到2011年所有商业银行相关资产状况的变动。考虑货币市场基金对商业银行的冲击集中在活期存款和银行信贷，我们将1975年到2011年美国所有商业银行活期存款存量与银行信贷数量的变动作为识别指标，分别考察二者与货币市场基金发展、投资时钟以及经济周期的联系。

通常认为，货币市场基金具备和现金类资产同样高的收益率以及近乎相同的流动性，而这也是最直观的息差导致银行活期存款向货币市场基金转移的原因。从图6-9可以看出，除了2001年和2009年分别由于恐怖袭击和金融危机引发的活期存款剧烈变动外，美国1975年到2011年活期存款存量基本维持一个相对稳定的波动状况。

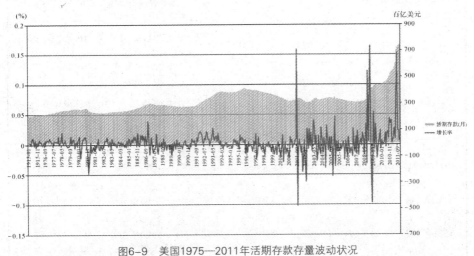

图6-9 美国1975—2011年活期存款存量波动状况

但更重要的是，结合由GDP和CPI指标划分的美国经济周期，我们可以发现美国所有商业银行活期存款存量与经济周期呈现明显的对应关系。滞胀时期，美国所有商业银行活期存款的增量最小，增长率最低，较为明显地受

到抑制；而在复苏时期，美国所有商业银行的活期存款存量则增速快，增长率高（表6-4）。

表6-4　美国在每一个阶段中的商业银行活期存款增长速度

衰退	月数	期间增速	复苏	月数	增速
1981年7月—1982年6月	12	-3.02%	1975年1月—1976年6月	18	5.5%
1984年7月—1986年7月	25	15.75%	1980年7月—1981年6月	12	-8.14%
1990年7月—1991年6月	12	1.55%	1982年7月—1983年6月	12	4.33%
2000年8月—2002年6月	23	-0.41%	1991年7月—1994年5月	35	32.62%
2004年8月—2007年6月	35	-4.89%	1995年8月—1998年6月	35	-0.37%
2008年8月—2009年7月	12	34.11%	1999年11月—2000年7月	9	-5.67%
——	——		2010年9月—2011年12月	16	50.22%
合计	119	39.33%	合计	137	78.51%
月平均增速	0.33%		月平均增速	0.67%	
过热	月数	期间增速	滞胀	月数	增速
1977年7月—1978年11月	17	8.67%	1976年7月—1977年6月	12	6.27%
1983年7月—1984年7月	13	1.87%	1978年12月—1980年6月	19	2.07%
1986年8月—1988年6月	23	2.95%	1988年7月—1990年6月	24	-5.77%
1998年7月—1999年10月	16	-8.25%	1994年6月—1995年7月	14	0.18%
2002年7月—2004年7月	25	2.57%	2007年7月—2008年7月	13	7.11%
2009年8月—2010年8月	13	-4.89%			

（续表）

合计/平均	107	12.71%	合计/平均	94	9.86%
月平均增速	0.12%		月平均增速		6.10%
总计	**月数**	**年数**	**期间累计增速**		**年平均增速**
1973年12月—2011年12月	456	38	140.41%		3.695%

资料来源：Wind，宏源证券

  这与我们在前文中对货币市场基金与经济周期的联系的研究相互印证，互联网金融与货币市场基金在滞胀时期快速增长，在衰退时期受到抑制。从活期存款来看，互联网金融与货币市场基金的确与商业银行产生较为明显的直接竞争关系，呈现此消彼长的关系。在经济滞胀时期，货币市场基金的快速发展会使得活期存款发生一定转移，活期存款的增长得到抑制；而在经济衰退或复苏时期，货币市场基金的增长速度显著低于滞胀时期，互联网金融发展趋势减缓，同期银行的活期存款则增长较快。

  但是，互联网金融和货币市场基金的发展与商业银行的竞争关系仅仅在活期存款的流向上产生明显效果，其原因在于货币市场基金的最大优势是相较于同等流动性的活期存款，其具有相对较高的收益率，能形成单个周期内息差套利空间，从而引发资金流动。但从较长阶段的宏观资产配置角度看，对于其他类别资产或者期限较长的银行类资产而言，互联网金融与货币市场基金所能够产生的冲击是相当不明显的，甚至可以认为是不存在的。

  我们沿用以GDP和CPI指标来划分的美国经济周期来考察美国1973年到2011年所有商业银行信贷量的变动，可以发现美国商业银行信贷量基本呈现波动状况，排除2008年和2010年因金融危机爆发而产生的极端值，美国商业银行信贷量增长率也基本呈现波动状态，并推动美国商业银行信贷累积量不断攀升（图6-10）。

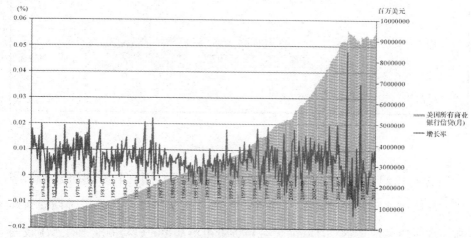

图6-10　美国1973年到2011年银行信贷波动状况

结合按GDP和CPI指标划分的美国经济周期，我们可以发现美国所有商业银行信贷量增长与经济周期基本没有太大的关系，且不同类型的经济周期的增长率维持相对一致的状况，说明经济周期对除活期存款外的其他商业银行相关的资产产生的影响相当有限。且考虑到信贷资源已经是互联网金融和货币市场基金与商业银行直接进行争夺的板块，因此我们可以间接得到结论，互联网金融和货币市场基金对商业银行的竞争与冲击十分有限（表6-5）。

表6-5　美国在每一个经济周期中的商业银行信贷增长速度

衰退	月数	期间增速	复苏	月数	期间增速
1981年7月—1982年6月	12	6.81%	1975年1月—1976年6月	18	6.91%
1984年7月—1986年7月	24	18.35%	1980年7月—1981年6月	12	10.48%

（续表）

1990年7月—1991年6月	12	3.85%	1982年7月—1983年6月	12	8.01%
2000年8月—2002年6月	23	7.74%	1991年7月—1994年5月	35	12.98%
2004年8月—2007年6月	35	27.36%	1995年8月—1998年6月	35	19.99%
2008年8月—2009年7月	12	2.27%	1999年11月—2000年7月	9	8.05%
——	——	——	2010年9月—2011年12月	16	2.89%
合计	118	66.39%	合计	137	69.31%
月平均增速	0.563%		月平均增速	0.505%	
过热	**月数**	**期间增速**	**滞胀**	**月数**	**增速**
1977年7月—1978年11月	17	17.27%	1973年1月—1974年12月	24	22.15%
1983年7月—1984年7月	13	11.49%	1976年7月—1977年6月	12	9.84%
1986年8月—1988年6月	23	16.96%	1978年12月—1980年6月	19	13.86%
1998年7月—1999年10月	16	8.46%	1988年7月—1990年6月	24	12.62%
2002年7月—2004年7月	25	18.78%	1994年6月—1995年7月	14	7.97%
2009年8月—2010年8月	13	0.58%	2007年7月—2008年7月	13	7.21%
合计/平均	107	73.55%	合计/平均	94	74.37%
月平均增速	0.687%		月平均增速	0.701%	

总计	**月数**	**年数**	**期间累计增速**	**年平均增速**
1973年12月—2011年12月	456	38	283.62%	7.46%

资料来源：Wind，宏源证券

　　这一研究结果印证了我们的预想：美国货币市场基金和互联网金融与商业银行的竞争远没有市场设想的那样激烈。将经济周期的视角拓宽到长期经济状态下，货币市场基金与商业银行的竞争并不那么激烈，双方各自具有的优势会通过不同时期的流动性状况、货币政策等诸多因素的作用形成基本稳态，互联网金融和货币市场基金对商业银行的竞争与冲击十分有限。

　　综合单个周期分析和较长经济周期分析的结果，可以得到结论：短期——尤其是在单个经济周期内，互联网金融和货币市场基金与商业银行存在对活期存款类型的资金资源的争夺。但是将经济周期的视角拓宽，互联网金融和货币市场基金对商业银行的竞争与冲击十分有限，处于相对稳态的状况。

中国互联网金融对商业银行的冲击预测

　　当前，关于互联网金融和货币市场基金对商业银行的冲击有诸多讨论。尤其是近期，市场对于货币基金对银行冲击正在减弱的观点越发乐观。其主要考虑三个方面：第一，货币基金自身存在规模经济递增边界，其自2012年至今的快速发展已经使得自身进一步发展受到限制，客户群体较为单一，继续增长缺乏动力；第二，银行间市场流动性改善，同业资金需求下降，商业银行逐渐加强流动性管理，银监会也放宽了存贷比的限制，且央行终止了货币基金提前支取协议存款不罚息的红利；第三，整体货币政策保持相对宽松的政策，同时公开市场增设了短期流动性调节工具和常设借贷便利。这些政策性、流动性等因素使得货币市场基金的进一步扩张受到限制，使得货币市场基金与互联网金融对银行的冲击减弱。

　　的确，以上因素在分析中国互联网金融对商业银行的短期冲击上具有重要作用，尤其在一个相对较短的经济周期内观察中国互联网金融的发展。但是借鉴对20世纪70年代以来美国货币市场与银行市场的变动的观察，我们认为，短期因素的重要性将随着时间的发展而逐渐削弱，短期因素只能够产生波动性扰动，经济周期和宏观经济基本面的重要性将得到凸显。从更长期的角度看互联网金融与货币市场基金的发展，可以对未来中国互联网金融和货币市场基金与商业银行的互动前景做出长远的预测。

2012年以来货币市场基金的快速发展与同期银行市场以活期存款为代表的资产发生转移的现象，符合我们对美国货币市场基金与银行市场互动关系的观测：在较短周期内，货币市场基金和互联网金融的发展确实与商业银行产生较为明显的竞争关系。而当宏观经济处于滞涨与衰退的转折摇摆阶段时，如我们在前述两章所判断的，货币市场基金与互联网金融的发展处于转折点，但短期内将保持小幅增长。结合我们对于单周期内互联网金融和货币市场基金与商业银行的互动关系的研究，我们判断，商业银行短期内仍然面临互联网金融与货币市场基金发展的压力，且该压力将主要集中于活期存款领域。

从互联网金融和货币市场基金的发展与商业银行的中长期互动关系来看，前者对后者的冲击作用将逐渐递减，这不仅仅是因为中期可能出现的货币政策、监管措施等扰动因素，更重要的是中长期经济周期将会弱化短期因素的作用，实现货币市场基金与商业银行竞争的相对稳态，尤其是商业银行市场中非活期存款的其他资产受货币市场基金与互联网金融发展的影响将得到有效控制，它们更多仍然受到宏观经济形势等非互联网金融时代的原有因素的主导。

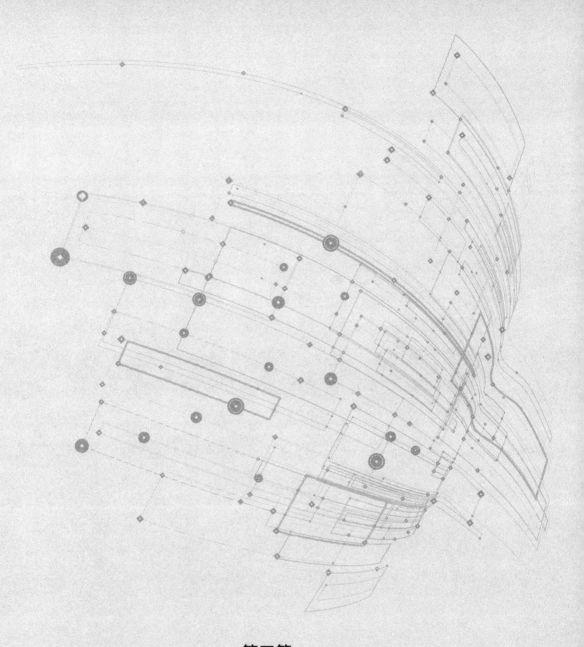

第三篇
| 中观观察：独具中国特色的互联网金融 |

第七章
互联网金融主要业务模式

第一节 | 第三方支付——网络支付中的信用中介

第三方支付模式概述

第三方支付通常是指由运营平台与各大相关金融机构通过订立一定的协议达成合作，其本身也具备一定的实力与信誉保障。借助第三方平台进行的支付交易流程有如下几步：

第一，买方选购所要购买的商品；

第二，买方将货款打到第三方平台提供的账户之中；

第三，平台将客户已将货款交付的信息告知给卖家，要求卖家发货；

第四，卖家发货；

第五，买方在收到货物并对其进行验证后告知第三方平台；

第六，平台货款转给卖家，交易完成。

以我们经常使用的支付宝为例，可以说第三方支付几乎是互联网金融里

的必然趋势，第三方机构的信用可以弥补客户和商家之间的信任鸿沟。以此展望未来，第三方支付行业发展潜力巨大，还有很大的市场空间需要拓展，第三方支付企业发展的道路上既充满机遇也充满挑战。未来第三方支付在大数据、云计算、平台和移动支付的道路上还有漫长的路需要探索。当前有越来越多的金融相关企业已经取得了经营第三方平台的资质，这个领域中的竞争今后也会变得越来越激烈。

产业特点

第三方平台支付是一种新型的网络支付方式。这种平台必须具有一定的诚信度，它可以建立在银行等传统的金融机构的基础上，也可以是有着较好信誉的独立技术平台。第三方平台的存在，使得买方不必直接把其银行卡信息透露给不同的卖方，买方每次在付款时，只需要通过第三方平台来进行操作。这不仅改善了用户体验，更大大提高了安全性。

由此可以看出，第三方支付具有以下几个显著的特点：

第一，通过统一的接口将先前分散的支付方式进行整合，使得网上购物变得更加快捷便利，同时也降低了商家的运营成本。

第二，与SSL、SET等各种各样的支付协议相比较，利用第三方支付平台进行操作更加简单而易于被使用者接受。传统的SSL和SET协议非常复杂，实现的成本也比较高。而使用第三方支付平台，网上交易就变得更加便捷简单了。

第三，第三方支付机构本身是依附于大型的门户网站的，且以与其合作银行的信用作为依托，因此能够更好地突破网上交易中的信用问题，这非常有利于推动电子商务的快速发展。

第三方支付的市场规模和影响

根据《中国支付清算行业运行报告（2014）》披露，2010年第三方支付规模达1万亿元，2011年超过2.1万亿元，2012年已经超过10万亿元，截至2013年，市场规模已达到约16万亿元，年共处理互联网支付业务150.01亿笔，金额8.96万亿元，分别较上年增长43.47%和30.04%。可以看出，移动支付逐渐成为电子支付发展的新方向，其市场规模不断扩大，这给第三方支付企业带来了发展机遇。随着第三方支付企业的数量越来越多，第三方支付市场的竞争压力也逐渐增大。第三方支付企业为了发展，必须打破业务的同质化，逐步实现差异化经营，相应的营销方式和营销策略也要进行逐步调整。

第三方支付已经成为当前金融服务领域的重要组成部分，它的迅速发展壮大一方面给传统的银行等金融服务业带来了一定的冲击，同时也为保险、基金等金融细分行业的发展带来了新的机遇。它不仅仅推动了金融业务格局与服务理念的变化，更重要的是它进一步完善了整个社会的金融功能。

促进金融行业服务变革

第三方支付出现的原因很简单，就是为了解决个人和企业跨行、跨地域转账时流程烦琐和到账时间长的问题。虽然银行此前已推出了网银，但因为其在支付结算领域的垄断地位及同业竞争问题，银行没有动力联合起来推出多银行账户即时结算的平台。第三方支付的成功在于其敏锐地发掘了市场需求，并将需求和新技术、新模式相结合，在以电子支付形式满足人们支付需求的同时，也深刻改变了人们办理金融业务的习惯。当支付可以通过"账号+鼠标"的方式安全、便捷地解决时，去实体网点排队等候办理金融业务

的方式就退化成为次优选择。[1]

随着第三方支付的规模和影响力不断发展壮大以及电子支付普及率的上升，传统金融机构猛然觉醒，开始加速自身向电子化变革的步伐，意图后发制人。国内各家商业银行纷纷依靠先进的计算机网络技术积极开展金融创新，相继推出覆盖网上银行、电话银行、手机银行、自助终端以及ATM、POS机等多渠道的电子银行综合服务体系。[2]

有着显著"互联网+"特征的第三方支付体系，最本质的特征在于利用先进的技术不断创新金融产品，为客户带来高效、满意的服务体验。而这也正是第三方支付能够迅速赢得市场的根本原因。

巨大的发展潜力

长远地看，第三方支付行业还有着巨大的发展潜力，在大数据、云计算、平台和移动支付的道路上还有很长的路需要进一步探索。随着越来越多的金融企业已经获得经营第三方平台支付的相关牌照，此领域的竞争将会进一步加剧。

首先，未来将逐步实现第三方支付与银行互惠发展。

从支付市场的份额来看，第三方支付造成的影响和冲击也还非常有限，银行仍然在社会金融体系中占据着主导地位。一直以来，利差收入是银行的核心收入，但随着金融改革、利率市场化的不断推进，金融脱媒现象越来越严重，银行的传统收入来源受到了前所未有的挑战。但在长期的发展过程中，银行已经形成了独特的比较优势，凭借着专业化的运行模式、较完善

---

[1] 罗明雄：《第三方支付推动金融业发展》，http://stock.sohu.com/20140710/n402043541.shtml，2014-07-10。
[2] 同上。

的风险管控、严格的金融监管等优势，银行的地位仍然难以撼动。作为新兴产业的第三方支付企业是难以撼动银行的主导地位的，但它也有自身的比较优势。比如在重视国内消费、服务居民等方面，第三方支付机构更加擅长。在未来，第三方支付企业与银行应当实现互利共赢的发展模式，银行可以与第三方支付机构合作，丰富自己的支付结算方式，推动金融创新。

其次，第三方支付将实现差异化服务。

由于进入门槛低，当前市场上已有的第三方支付服务存在较多的雷同，提供的服务没有创新性，缺少差异，这就抑制了其未来的发展空间。要想继续占有市场，第三方支付机构加大创新力度是必不可少的。第三方支付企业只有加强创新，针对不同的客户提供差异化服务，才能在未来获得进一步的发展。

最后，第三方支付必将加强自律。

金融监管为经济的平稳安全运行提供保障，是金融市场中必不可少的一个环节。但更重要的是企业自身的自律，只有内部自律与外部监管相结合，行业才能真正实现健康发展。加强自律，建立风险监测指标，实时监控，这是第三方支付企业必须加以重视的。随着第三方支付的应用场景不断拓展，线下银行卡收单市场交易规模增长迅速，行业的恶性竞争也在加剧。目前第三方支付机构的线下收单业务还比较混乱，有些机构为了抢市场份额、获取利润，对某些违法的刷卡套现行为睁一只眼闭一只眼。因此，在监管还没有压缩第三方支付的生存空间时，第三方支付企业必须加强行业自律，避免出现恶性发展导致监管部门压缩第三方支付生存空间的情况出现。

第二节 | 基于互联网的贷款平台——P2P网贷

　　P2P网贷是指借款人向P2P网站提交借款金额、时间和利率等信息，并根据平台要求提供相应的证明文件，平台网站根据既定的信用评级模型等手段对投资人进行相应的认证，出借人通过比较网贷平台的标的，根据自己的风险偏好出借资金的过程。在这一模式下，借款人与出借人的对接在网络平台完成。2007年8月中国首家P2P网络借贷平台在上海成立。2011年以后，网贷平台进入快速发展期，网贷平台数量从2011年的50家左右发展到2013年的800家左右，成交规模从2011年的10亿元左右发展到2013年的1000亿元左右。当前欧美国家的P2P网贷平台大多仅仅提供信用认证、信息匹配以及利率制定等服务功能，而风险是由出借人自行承担的，这种模式在当前中国信用体系不是很健全的条件下很难推行实施。[1]因此很多平台提供担保或者引入了线下的认证。

什么是P2P借贷

　　P2P借贷中介服务行业（Peer-to-Peer Lending，以下简称P2P）是一种协助投资者和借款人实现两者之间直接借贷行为的中介服务行业。它主要实现的是个人之间的小额借贷交易，在过程中一般需要借助电子商务专业网络平台的帮助。借款者可以在平台上自行发布借款信息，具体包括金额、利息、还款方式和时间，以实现自助式借款；借出者可以根据借款人发布的信息，自行决定借出金额，实现自助式借贷。

---

[1]　沈虹杉、谭杨杨、吉宁等：《2014中国互联网金融行业深度研究报告》，社信基金，http://mp.weixin.qq.com/s?__biz=MzA5MTc2MTIzMg==&mid=200381951&idx=1&sn=055725fa88ad30817bed73ffdf63d627#rd，2014-06-16。

2005年11月，Prosper P2P网络小额贷款平台创立，其让资金富余者通过平台向有需要的借款人提供贷款，并收取一定的利息。从2006年2月到2009年1月月底，经由Prosper平台的借贷金额共计约合12.5亿元人民币。[①]除了Prosper，2005年3月在英国伦敦成立的ZOPA网站同样是目前热门的P2P网络金融平台之一。这些P2P金融平台的成功让P2P金融真正开始在世界范围内获得越来越多的认可和发展。中国的P2P行业起步较早，发展异常迅速，已成为微金融的重要模式，其在解决小微企业融资难、推动民间金融阳光化等方面发挥了重要作用。《2014中国网络借贷行业上半年年报》显示，2014年上半年，中国P2P网贷行业成交量为818.37亿元，贷款余额为476.61亿元，平均综合利率为20.17%，平均期限为4.75个月。截至2014年上半年，我国共有1184家P2P平台，其中借款人为18.9万人，投资人44.36万人。

P2P本质上属于贷款的范畴，但它与传统的银行贷款和民间借贷存在着不同之处，主要有以下几个方面：

第一，关系扁平化。

相比于传统的民间借贷，P2P网贷的最大特点是点对点，也就是最终资金供给方和最终资金需求方之间建立直接的借贷关系，资金链条较短，借贷关系也更加扁平。[②]这种模式一方面不需要通过中间机构进行借贷匹配，从而提高借贷效率，降低由于信用中介资金链断裂而触发的借贷风险；另一方面，资金出借方可能获得较高的利率，而资金借入方也可能付出较低的利率，这为双方都带来好处。

第二，信息透明化。

与传统的借贷方式不同，P2P借贷平台是在网络上进行的，信息通过网

---

① 参见百度百科"P2P金融"条目，http://baike.baidu.com/link?url=XtD804SllVXojXhLrT2gNgCzbhjiDhBEKKDTcncDGeosBiiF6IaJBRG1ZDS−i_UQQPt10IvsPi4L1t6zLhrI3a。
② 范杰：《监管层或有意收编P2P平台 行业将面临优胜劣汰》，和讯银行，http://bank.hexun.com/2013−10−09/158566743.html，2013−10−09。

络在借贷双方之间直接进行传播，可以突破信息传递的时间和空间限制。这样可以使得信息变得相对透明，借贷双方撮合效率更高。

第三，信贷理财化。

在传统的银行借贷中，资金的供给者就是银行的储户，他们主要的目的是存储资金，同时获得较少但相对安全的利息，并不是为了资金的增值。而在P2P借贷中，资金供给者更多的是为了资金增值，满足理财的需要。此时，资金借贷实际上成了一种理财工具。

第四，利率市场化。

P2P的利率有两种确定方式。第一种是在有担保的情况下，贷款人获得的利率由担保方确定，借款人付出的资金成本等于贷款人获得利率再加上风险报酬；二是在无担保的情况下，借贷利率由借贷双方竞价确定。无论哪种确定方式，利率都是市场资金真实价格的反映。[①]

按照不同的角度，P2P大致有以下几种区分：

第一种，分为纯线上模式与线上线下相结合模式。

纯线上模式是指P2P平台仅以网络中介的形式存在，借款人的资质主要通过线上审查完成；线上线下相结合模式则是在线上进行产品的销售，在线下对借款人的资信和还款能力进行实地评估。

第二种，分为担保模式与无担保模式。

担保模式指的是由第三方担保公司或者P2P平台建立的风险准备金保证出借人本金、利息的安全；而无担保模式则是指由出借人自行承担借款人违约风险而平台不负担任何责任。

有担保的P2P公司通过第三方担保或者通过建立风险准备金的方式承诺本金保障，这样，借款人的违约风险就由出借人转嫁到了P2P平台。目前国

---

① 范杰：《线上P2P：分类、趋势及影响》，网易财经，http://money.163.com/13/1010/15/9ARA4ULC00254L5I.html，2013-10-10。

内大多数P2P公司都属于这一模式。

无担保模式以美国P2P平台Prosper为代表，这一类公司属于单纯的网络中介，只负责制定交易规则并提供交易平台，不负责交易的成交及贷后资金管理，也不承担借款人违约带来的损失，对出借人不负有担保责任。此类模式典型的业务是拍拍贷，拍拍贷内部没有风险补偿基金，也没有规模庞大的坏账追缴团队，对坏账也不作担保。[①]

P2P模式研究

从发展情况来看，不同P2P平台的管理方式有差别。例如，一些P2P平台直接将出借人和借款人联系起来，另一些则通过第三世界国家的中介组织联系借贷双方；一些P2P平台允许出借人自行设定借贷利率，另一些基于贷款情况和信誉度设定借贷利率范围。按照机构目标的不同，P2P可分为营利性和非营利性两类。其中，营利性P2P普遍局限于本国的市场范围内，非营利性P2P一般在全球范围内运营。营利性和非营利性P2P网贷平台的主要区别在于，出借人的目的和期望通常是有所不同的。营利性平台的出借人一般期望在承受一定风险下获得合适比率的回报，而非营利性平台的出借人更偏向"募捐"出多笔贷款来帮助不发达国家或地区的借款人，并不过多地期望收益回报。

按照运营模式的不同，P2P平台可以被划分为单纯的信息中介型、复合中介型与公益型三类。单纯的信息中介型指的是平台本身扮演着借款人和出借人之间中介的角色，它只提供交易需要的平台，但是不参与借贷过程，在

---

① 沈虹杉、谭杨杨等：《2014中国互联网金融行业深度研究报告》，社信基金，http://mp.weixin.qq.com/s?__biz=MzA5MTc2MTIzMg==&mid=200381951&idx=1&sn=055725fa88ad30817bed73ffdf63d627#rd，2014-06-16。

这个过程中收取相应的服务管理费用；复合中介型指的是平台除了提供中介服务，还参与到借贷过程中，并在过程中承担很多的安全保护工作，比如，充当担保人、联合追款人、利率制定人等角色；公益型P2P如Kiva不以营利为目的，借款人多集中于发展中国家，运营资金基本靠捐赠，利息也较低。

信息中介型是最典型的P2P平台模式，其仅充当信息中介的角色，不承担任何担保或保证人的风险，如果借款人违约，投资者将自行承担违约的后果。这种模式具备两大优势：

第一，投资借贷便利。P2P借贷平台的审批流程十分便利，不像传统的银行借贷，借款人需要经过复杂的手续、长达一个多月的审批时间才能获得贷款。为了实现便捷有效的线下审批，P2P平台会在各大城市设立网点，聘用的审批人员也是熟悉当地情况的人员，一旦有一项贷款需求申请提交，该平台就能够迅速地实现线下审核，很快完成借贷流程。与线下审核相比，线上审核则更加快捷，申请人只需要在网上提交相关的材料，平台经过相应的鉴定审核，就可以在很短的时间内满足相应的贷款需求。

第二，信用贷款门槛低。P2P借贷与传统的银行借贷实际上是一种互补关系。传统的银行借贷主要是服务于资质良好的大企业、大客户，借贷需要满足诸多严格的条件，并需要抵押担保等。而P2P则更多关注被排斥在传统金融机构之外的中小客户，大多数P2P平台并不要求借款人提供任何抵押担保，从而降低了借款人的融资门槛。这些客户由于自身的实力不够，往往无法达到正规金融机构的贷款标准，难以获得金融机构的贷款。P2P正是瞄准了这一部分群体，与传统金融机构实现了合理的社会分工。

在分析复合中介型模式之前，首先要对信用转换、期限转换、流动性转换等概念做简单介绍。依据金融学理论，银行作为中介机构主要具备三大功能，即信用转换、期限转换以及流动性转换。其中信用转换最初用来描述的是银行以其信用替代了借款人的信用。或者说，商业银行从存款人处吸收存款，再将其通过贷款放给借款人，因而无论借款人是否按期偿还债务，存款人都是可以要求银行偿还本金和利息的。[1]在这里，资金出借方并不清楚自己的资金最终借给了谁，他们出借资金主要是相信银行的实力，只要银行具有偿债能力，他们就能安全地收回资金。期限转换很好理解，就是银行借短贷长的运作模式，通过吸收大量储户的短期存款来向贷款者发放长期贷款。而期限转换的结果就是实现了流动性转换，短期存款具有较好的流动性，而长期贷款的流动性则较差。这种借贷期限和流动性的不匹配使得银行借贷潜藏着巨大的风险。

复合中介型P2P平台就实现了上述的三项功能。这类P2P平台实际做的是资金池业务，它们用自身的信用替代了借款人的信用，通过借短贷长，实现了期限和流动性的转换，其中的利差便成为主要的收入来源。在这一模式下，借贷双方通过互联网提出申请，位于各大城市网点的工作人员接到申请后就会立即进行线下的审核，确保信息的真实性，保证借贷项目的质量与安全。在借款人提供了相应的抵押担保后，这一平台就会向他们提供资金，而借款人需要定期支付一定的服务费，而其中的一部分会作为风险准备金划拨进一个特定的账户，一旦发生违约事件，这一账户会在一定程度上为赔偿损失提供保障。对于这一模式的P2P平台而言，互联网所起的作用主要是广告宣传和信息搜集。

还有的P2P平台主要实现上述三种功能之一的信用转换功能。在这类交易中，担保、小贷公司以及"本金保障计划"为投资者的本息提供全额或部分的担保，其中，投资者注重的是担保、小贷公司的实力以及"本金保障计划"的资金总额。具有代表性的此类平台有陆金所和人人贷。依据信用转换的方式的不同，这一模式还可以进一步被细分为"对接担保公司""对接小

---

[1] 岳苏萌：《我国P2P网贷运营模式研究》，载《互联网金融与法律》2014年第5期。

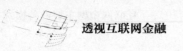

贷公司"和"本金保障计划"。①

对接担保公司类运营模式是由第三方担保公司或与之相关联的担保公司为投资者的本金及利息提供担保，当借款人出现无法还款的情况时，第三方担保公司或相关联的担保公司先行进行偿付。陆金所采用的就是此种模式。

陆金所于2011年9月在上海注册成立，它采用的是线上线下相结合的经营模式，为借贷双方提供中介服务。借贷双方主要来自于线上，有三成的借款者来自线下。这一模式中的担保公司是中国平安旗下的平安融资担保（天津）有限公司，它对借款方的信用进行审查与核实，并提供担保。当借款人出现违约行为时，担保公司需要对未偿本金和相应的未付利息进行全额赔付。可见，担保公司的担保责任还是比较大的，这就对其贷前审批工作提出了较高的要求。借款人通过网络提出借款申请，在电话访谈初步了解资金使用目的、借款人的还款能力等情况后，借款人需要通过线下网点提交相应的审核材料。担保公司对借款人进行筛选和鉴别，不对债权进行分拆，一个借款人仅对应一个投资者。平台会自动将定期收取的偿还金额划入出借人的相应账户，一旦出现违约便会进行全额赔付。

与之不同的是，对接小贷公司类模式的借款人来自于不同的小额贷款公司，而投资者来自于平台。有利网是对接小贷公司模式的代表，它将征信和贷后管理外包给小贷公司。首先，有利网会对提出申请的小额贷款公司进行审核和筛选，挑选出经营状况良好、有较强的风控能力的小贷公司作为客户，由它们对借款项目进行初步审核，有利网只需做最终审核即可，这减轻了审核负担，提高了运作效率。在这种模式下，借贷交易达成后，小贷公司负责进行贷后管理，督促借款人还款。小贷公司的信用替代了借款人的信用，实现了信用转换，小额贷款公司需要对有利网上的投资者进行全额本息

---

① 岳苏萌：《我国P2P网贷运营模式研究》，载《互联网金融与法律》2014年第5期。

担保，也可以引入一家担保公司提供担保。可见，小贷公司在其中起到了很大的作用，因而在收益分配上，小贷公司也将获得一半以上的收益，剩余收益归平台所有。

　　而在本金保障类模式中，P2P平台会对投资人的本金提供保障，如果投资者投资的借款出现严重违约，平台会用事先在达成借贷时提取的"风险备用金"向投资人垫付本金或本息，在偿债的同时，债权会转移给平台。

　　此类本金保障模式可以进一步细分为两类：一类不设定特别的条件，只要是平台的投资者都可以享受其保护，比如人人贷；另一类出于鼓励投资者分散投资的目的，投资者只有在其投资笔数和单笔投资比例符合平台的要求时，才受到本金保障计划的保护，比如点融网。[1]

　　在上述的三种模式中，P2P平台都是充当中介人的角色。

　　此外还存在一种自融模式。在自融模式中，P2P平台是资金的需求方，其出于自身融资的目的向投资者借入资金。

　　在中国，非法集资活动一直被严厉打击，而P2P网贷则因为是新生事物，监管机构到目前并未对其设置任何准入门槛和监管措施，因此很多资金压力较大的实业公司干脆自己设立P2P平台，以融资供自己使用。还有一些自融模式的P2P平台向投资者虚构借款标的，将融得的资金用于投资房地产、股票、债券、期货等。[2]

我国P2P行业发展存在的主要问题

　　首先，行业发展参差不齐，信息透明度不足。

　　目前P2P行业还处于起步阶段，进入门槛比较低，因而就出现了一种爆

---

[1]　岳苏萌：《我国P2P网贷运营模式研究》，载《互联网金融与法律》2014年第5期。
[2]　同上。

炸式野蛮生长的情况。许多公司开始涉足P2P行业，但其风险控制、投资者保护机制却十分欠缺，而有的公司已引入诸如风险准备金制度、第三方担保机制等进行风险控制。不同公司的发展差异十分显著，也就出现了有的公司健康成长，而有的公司却濒临破产倒闭的情况。

为了吸引更多的投资人，许多P2P产品经常打着高收益的宣传幌子，而关于风险的提示却很不明显，投资者经常被其高收益的表象所迷惑，忽视了其中可能存在的风险，从而导致盲目投资现象的出现。更有甚者，有些P2P公司为了获得资金，不惜进行恶性欺诈，严重损害了投资人的利益，也使得P2P行业颜面扫地。

这一系列误导投资人行为的得逞都是源于信息披露的严重不足。在面对投资人客户时，做好相关的信息披露和风险提示才是一个真正的金融从业者应有的职业道德。

其次，法律地位不明确。

互联网金融在我国的发展历史还不长，P2P借贷更是当前出现的新兴事物，法律法规方面还没有对此做出相关的界定。法律地位不明确使得创业资本不敢贸然进入，P2P企业因此难以获得多轮、大额的创业资本的支持，这大大提高了这类企业的运营成本，给P2P行业的发展带来障碍。

再次，商业模式尚待验证。

目前的P2P公司盈利性均较差，无论是线上还是线下的P2P公司大都处于亏损或略微盈利状态。即便最著名的两家美国P2P公司——Lending Club和Prosper——也仍处于亏损状态。如何开发出一种可持续的商业模式，这已成为该行业急需探究的一个问题。

最后，金融基础设施不完善。

P2P行业的健康发展离不开相应的基础设施建设的支持，比如法律基础、征信体系等。然而目前这些基础设施均较缺乏。法制基础的缺失使得整个行业的规范性较差，发展充满不确定性；征信体系的不完善使得行业面临较高的信用风险，运营成本较高。此外，银行的支付清算体系不支持P2P的运作模式。P2P平台难以开立银行托管账户，普遍使用第三方支付提供的共同账户，无法避免地存在着挪用客户资金的风险隐患。[①]

第三节 ｜ 众筹融资

众筹是指小企业主、艺术家、个人通过互联网或者社会性网络服务向投资人展示项目、活动以获得资金的方式。这一模式之所以会在2008年金融危机之后出现，是因为危机使艺术家、企业家和初创公司通过传统银行渠道进行融资变得极为艰难，所以才会出现这种另辟蹊径的筹资方式。众筹借助创新、集体决策机制、互联网和其他虚拟的社交渠道在面世五年内已经筹集了数十亿资金。众筹主要涉及三类参与者：发起人、支持者和平台。发起人通过文字、图片、音频、视频等形式，在网络上向投资者展示需要筹资的项目，以获得资金；支持者就是投资人，他们在网络上浏览各种筹资项目，根据自己的判断选择感兴趣的、有前景的项目进行投资，提供资金；而平台就是连接资金供求双方的网络终端。[②]

在谈众筹之前，首先要讨论众筹和大众融资的联系。大众融资作为传统的融资方式我们知之甚详，众筹与之有相似之处，两者都是将分散的资金聚集起来投资到更有利润的其他渠道。可是众筹又是一种新的融资方式，大众

---

① 国务院发展研究中心金融研究所：《我国微金融发展的现状、问题及政策建议》，载《经济要参》2012年48期。
② 佚名：《中国众筹行业分析》，http://wenku.baidu.com/link?url=RBBBb9NGRwo DP4dKQA612Xxvcb7L_H_A_OIczF4f1uejJU-_iSIyYPM4hDexBK4VJwh0tsN0yoQ73atpfF Ac7v5r5Tlb_Td9cBOZH3IeaKe，2015-06-18。

融资渠道资金流向银行、证券市场、保险机构，投资者的资金流向渠道是明确的，融资者向投资者定向融资，但众筹的资金是通过互联网筹集的，资金来源更加多元化并且很大程度上是匿名的。正因为众筹这种筹资方式融合了互联网技术优势且带有匿名性，这样就为广大投资者提供了更加多元化的投资选择。传统渠道下，投资者有投资倾向，他必须搜寻满足他要求的投资项目，但是这些项目分散，投资者难以找到符合自己投资要求的最优项目。而且，众筹投资额是没有传统投资中的底额限制的，即任何人都可以投资到自己所感兴趣的企业当中，充当天使投资者的角色，亲自参与任何与自己投资要求相符的企业的创设。这种只有华尔街专业投资者和硅谷风险投资者才能完成的高端投资项目，被移植到互联网平台后富有浓厚的草根气息。我们可以想象，以前创业者为了寻找资金支持，需要到硅谷去筹资并获得基础技术支持，这对大多数创业者来说都是难以实现的。但随着互联网的兴起，这些隔阂都被打破了，这无疑会激发全社会的创业激情，意味着任何人都能亲自实现创业梦想，好的创意可以放到网上募集资金，普通投资者可以投资给感兴趣的项目，给普通投资者带来无限的创业满足感，毕竟谁也不知道下一个Facebook或谷歌公司会在哪里诞生。

众筹的实现方式可以分为产品式众筹和股权式众筹两种形式。

产品式众筹与网上购物很类似，投资人在网上提交订单，提供资金，发起人利用投资者提供的资金进行商品的研发、生产等，完成后发货。因此，在众筹模式下，在投资人提交订单后，发起人无法像传统网购那样立即发货，而是需要等待一段时间。同时，众筹获得的产品一般都是比较有创意的，发起人可以根据投资者的需求进行产品设计与修改，提供个性化产品。①

---

① 佚名：《中国众筹行业分析》，http://wenku.baidu.com/link?url=RBBBb9NGRwo
DP4dKQA612Xxvcb7L_H_A_OIczF4f1uejJU-_iSIyYPM4hDexBK4VJwh0tsN0yoQ73atpfF
Ac7v5r5Tlb_Td9cBOZH3IeaKe，2015-06-18。

股权式众筹模式是由出资人出资成为项目的股东,占有一定份额,并根据项目的完成情况进行收益或损失的结算。这一模式在美国被给予了合法的地位,而在国内则受到限制。根据相关规定,目前我国的众筹模式不能涉及资金的回报,只能以实物作为回报。因此,我国的众筹模式涉及的范围较国外更小。

最早的众筹平台是于2009年设立的Kickstarter网站。然而众筹真正传入我国是在2011年。中国最早的众筹平台是点名时间,之后还有追梦网、淘梦网等。这些众筹平台不像P2P那样让人耳熟能详,很多非该领域专业人士不仅对互联网金融的众筹模式感到陌生,常常还容易将其与P2P网贷模式混淆,甚至有些从业者也讲不清楚两者之间的区别。其实相比较而言,众筹所具有的互联网属性更多一些。从商业运营和资金流动的角度来看,众筹实质上是一种团购,它不以股权或资金作为回报,项目发起人也不许诺任何资金上的收益,而是以实物、服务或者媒体内容等方式回馈支持者。

在众筹项目发起时,发起人会设定一个筹资金额的目标额和相应的筹资天数,如果在设定的时间内筹资金额没有达到目标,那么发起人筹资失败,相应的资金返还给投资人;如果在相应的时间内达到了目标金额,那么项目发起成功,发起人将会利用资金进行后续的产品研发与生产等环节。

众筹在中国一直水土不服,发展桎梏的原因主要有以下几点。第一,监管界限不明。众筹平台已经涉及资金代管业务,但是由于目前众筹网站的募资金额较小,因而尚未纳入监管。一方面,众筹被视为互联网金融的重要创新而备受业内人士关注;另一方面,从业者和推广者却在极力撇清与金融的关系,以免触碰监管的边界。第二,募资规模有限。社会公众对众筹的认识不足,国内用户多习惯于为实体产品付费,而不愿意为概念中的产品埋单。另外,由于国内互联网的信用监控机制较为脆弱,公众对众筹平台缺乏信任。第三,角色扭曲为营销手段。在监管界限不明的情况下,国内的众筹平台开始另辟生存之道，与其说众筹是资金募集渠道，不如说是创意产品的另类在线营销手段。[①]第四，创意项目匮乏，国内教育体制下培养的人才，大多千篇一律，缺少天马行空的想象力，表现在众筹项目上，大都是一些变相捞钱的项目，缺少让人耳目一新的作品。而且，大多数人似乎是害怕创新，低调过头又盲目自信，众筹项目良莠不齐。

众筹融资的基本模式

根据项目所提供的筹款回报来划分，可以将众筹分为四类：股权众筹融资、债务众筹融资、奖励众筹融资以及捐赠众筹。在这四种当中，奖励众筹融资在众筹融资平台中的数量最多；而债务众筹融资在众筹融资平台所占的比例最小；股权众筹融资在这几种模式当中保持着最快的增长。在筹资的效率上，财务回报型众筹模式——股权众筹融资和债务众筹融资——在软件、电子游戏开发以及电影、音乐和艺术领域表现得非常突出。其中债务众筹平台的融资效率是最高的，该类平台上的项目从发起到完成募集的平均时间只有股权众筹和捐赠众筹的一半。而股权众筹则在筹资规模上最为突出，其也因此成为一种中小企业融资的可行的替代途径。

以奖励众筹融资和捐赠众筹融资为主的公益性众筹主要为的是迎合资金提供者的个人的精神诉求，比如环境保护、社区活动等等。这类平台融资的规模通常比较小。在营利模式上，众筹机构主要通过向筹资者收取一定的交易费用即佣金，来获取收益，佣金的数目按支付给筹资者资金的一定比例来确定，从最少的筹资规模的2%到最多的25%不等。

捐赠众筹模式没有任何实质性的奖励，相当于一种纯粹的捐赠。但这

---

① 赵田、徐秀文、杨怡茹、肖华：《中国众筹：现在与未来》，先锋金融综合研究所，http://www.chengduvip.cn/share/detail-6590.html，2013-09-05。

种捐赠又与传统的捐赠存在着不同，捐赠者能够了解所捐款项的具体投资方向和用途，从而提高了捐款的意愿和金额。近些年来，很多非政府组织（NGO）都采用这种模式为特定项目募捐，同时，它们会实时发布款项运作过程中的相关信息，让捐款人对自己的资金用途做到心中有数。当然，这种方式下的捐款主要运用于诸如教育、社团、宗教、健康、环境、社会等一些金额相对较小的项目的募集。①

公益众筹也叫众募，众募还有以下八大好处：

（1）达成公益筹款目标——参与众募最显而易见的好处便是你可以在无所失的情况下有所得，实现筹款大计。对不以圈钱见长的公益慈善机构来说，这听起来倒是个两全其美的好主意。

（2）零风险——无论是申请贷款还是政府救助金，公益慈善机构都要承担一定的风险。而众募，让你与风险轻松地擦肩而过，只须料理好所有的公益捐助款项就可高枕无忧。

（3）不让贷款缠上身——前文已经提及，企业家们最常选择支持公益项目的方式，就是向公益项目提供银行贷款。而我们都知道，贷款与"债务"以及"还利息"这些词都是可以画等号的。能没有外债自然是极好的——众募，让你免除债务，一身轻松。

（4）华丽的营销手段——众募本身就是营销方式的一种。若是打从一开始，你的公益项目就能吸引大量的眼球，那么未来的金主们可能就是在这时注意到你的。这为后来公益项目的开展和资金筹备都带来了好处。

（5）吸引潜在长期支持者——最早支持你们的人便是潜在的铁杆。这些人甚至有望在日后成为你公益团队的成员。只有别人在乎你所做的事情，他们才会心甘情愿掏腰包。所以，每一笔公益捐助都是一个搭建人脉网络的

---

① 李雪静：《众筹融资模式的发展探析》，载《上海金融学院学报》2013年第6期，第74页。

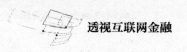

契机。

（6）轻松开启公益募捐渠道——互联网是开展众募工作的绝佳舞台，它能提供无数的第三方入口，使你的计划在启动之初便万事俱备，省却了自己寻找公益募捐渠道的烦恼。

（7）最现实的理由，省钱——也许第三方众募平台会找你收上一笔小钱，但除此之外你的募捐项目便基本不再有开销。

（8）建立强大的人际网络——一个众募项目会让你有大把机会同人打交道。这些公益捐助者会因你的募捐理由而与你产生共鸣，进而对你的事业产生由衷的兴趣。也许下一步，你的项目就能尝到天上掉的大馅饼。①

在美国，基于用户浏览数排名的最有名的众筹网站YouCaring采用的就是典型的基于捐赠的众筹方式。YouCaring能超越最早成立的KickStarts成为最著名的众筹网站的原因在于，KickStarts对任何成功的项目都会收取5%的费用，而YouCaring不对任何项目收取费用，显然这样对用户的吸引力会更大。

基于捐赠的众筹，这种资金筹措方式是用来显示爱心和支持需要帮助的朋友和亲人的重要手段，任何筹资项目只要能抓住问题的核心就能简单、快速和有效地筹集到资金。以YouCaring为例，其网上筹款是由两个主要部分组成：募捐者和支持者。一个成功的网上募捐活动关键要将两者有机联系起来，减少搜寻过程中的信息成本，这也是免费在线筹款网站存在的理由。筹款网站提供的信息有助于捐赠者找到需要帮助者的信息，并通过募捐活动平台成为二者的连接点。它们提供了直接将资金方便、安全注入所需的账户的手段，很多免费的网上筹款站点都利用社交网络来提高筹款活动的效率，以尽可能地产生影响。

---

① 佚名：《公益众筹的八大好处》，http://www.ricedonate.com/news_311.html，2014-07-31。

目前更为常见的则是基于奖励或事前销售的众筹。

基于奖励的众筹就是投资人能够获得非金融性奖励作为回报的模式。这种模式通常运用于对电影、音乐以及技术产品等创新项目的融资。事先销售则相当于一种商品的预订，生产者在网上发布产品的相关信息，购买者可以事先预订并付款。如果销售状况好，也就是达到了相应的募资目标金额，那么生产者就进行产品的生产；如果没有达到目标金额，就说明销售状况不好，该产品不应该投入生产。这就相当于提前进行了市场需求状况的调查，大大降低了产品销路不好的风险。①

这种模式最著名的要数KickStarter了，其平台汇聚了大量的电影、游戏、音乐、艺术等创新性的设计。项目的设计者可以在家里完成自己的设计，尽情地发挥自己的创意天赋，将自己的作品展示在平台上来吸引资金。这些设计者大都缺乏资金，但却拥有丰富的想象力，具有创意天分。项目的支持人选择自己感兴趣的项目进行资金支持，他们的目的并不在于获得回报，而主要是帮助这些创意设计者实现自己的创意梦想，发挥自己的特长。一旦项目发起成功后，项目的发起人往往会给支持者一定的奖励，比如电影、音乐、书籍等。KickStarter成为创意者发挥优势的天堂，他们可以感受到作品从设计到生产到发布的乐趣，而支持者的肯定更是对他们莫大的鼓励。同时，支持者也参与到了这一过程当中，也可以感受到其中的乐趣：亲友团可以力挺好友的创意项目，粉丝可以为他们支持的人拉票，普通人也可能受到好创意的鼓舞而为之摇旗呐喊……这一切成为KickStarter吸引大家的独特优势。②

此外，还有基于贷款的众筹，也就是债务众筹。这种众筹实际上就是

① 李雪静：《众筹融资模式的发展探析》，载《上海金融学院学报》2013年第6期，第74页。
② Kai Shan：《众筹网站领军者KickStarter》，http://kuailiyu.cyzone.cn/article/2706.html，2013-05-25。

P2P借贷。那些无法获得传统金融机构贷款的资金需求者可以通过这种模式向其他专业人士贷款，并给予贷款者一定利息报酬。当然这种融资也可能是为了某种公益项目，这时就可能是无息贷款：

最后，则是股权众筹。在上文已经对其有所介绍，它通常用于初创企业或中小企业的起步阶段，尤其在软件、网络公司、计算机和通信、消费产品、媒体等行业中的应用比较广泛。股权众筹首先是一种投融资行为，凡是投资行为就是基于价值发现和价值创造的。唯有创业项目快速成长，才有带给投资人回报的机会。因此股权众筹项目要符合股权投资的一般特征，即具有投资价值的内涵，具体包括外在的行业与市场的机会价值，以及内在的产品与团队的价值。在这一点上，所有传统创业投资的评判眼光和标准，都是可以适用于股权众筹项目的。[①]

与传统的线下单一投资模式相比，股权众筹具有其独特性：

众筹项目除了筹集资金，还能够获得参与者带来的大量资源。由于众筹项目聚集了众多的参与人，这就带来了传统投资中无法获得的大量资源。参与人可以带来新的人脉、新的思想、新的渠道等等，这会使项目获得更进一步的发展，这是传统投资远远无法比拟的优势。

在融资的额度方面，股权众筹处于适中的水平，它给一些小额的投资者提供参与股权投资的机会，让他们通过这种新的理财渠道从股权投资中分一杯羹。

股权众筹的融资项目与人们的生活息息相关，是生活中各种领域的创新，投资人并不需要有相关领域的专业知识与技能，只要在网络上浏览相关的项目介绍就可以做出投资决策。而传统的投资项目很有可能是一些顶尖高端领域，只有相关领域的专业人士才能对项目进行较全面的理解，这就限制

---

① 李雪静：《众筹融资模式的发展探析》，载《上海金融学院学报》2013年第6期，第74-75页。

了普通投资者的投资判断。[①]

数据显示，国内八成以上的众筹资金投向了股权众筹。业内分析称，股权众筹对促进初创企业的发展非常重要，既能够帮助解决需求方普遍存在的融资难题，又能满足供给方支持初创企业发展、分享初创企业的成长收益的需求。

除了上述基本类型外，众筹融资在运作过程中还衍生出一些其他模式。如，收益共享（revenue sharing）、实物融资（funding inkind）、混合模式（hybrid models）等。其中，收益共享是指出资者将公司未来收入共享或专利融资来作为回报方式；实物融资是指出资者以产品或服务替代现金为融资者进行融资。

众筹融资的全球发展情况

由于资金实力薄弱、发展前景具有较大的不确定性等问题，初创企业在融资上往往障碍重重，很难通过银行等传统金融机构获得贷款。这种现象不仅仅在中国出现，在全球范围内均存在。而众筹融资模式正是在这种情况下应运而生的，它为初创企业提供了一种新的融资渠道。据估计，截至2012年年底，全球超过450个众筹平台融资约22亿欧元，比2011年增长了约80%（2011年约12亿欧元，2009年约4亿欧元）。目前，美国仍是全球最大的众筹市场。欧洲众筹市场的发展也不甘示弱。在过去的三年中，通过众筹市场的融资额年均复合增长率约63%，且大多数众筹融资的模式是基于捐赠的众筹和基于奖励的众筹。2011年，欧洲通过众筹方式共融资约3亿欧元，约占全球众筹融资的1/3；2011年年末，欧洲共有约200个众筹融资平台，2012年

---

① 谢宏中：《什么样的项目适合做股权众筹》，http://epaper.stcn.com/paper/zqsb/html/epaper/index/content_599071.htm，2014-08-01。

年末约增至300个。且在欧洲的众筹模式中，基于奖励的众筹约占50%，基于捐赠的众筹略少于25%，股权众筹也略少于25%，其余则是基于贷款（或债务）的众筹。加拿大的众筹融资大多是基于捐赠的众筹、基于奖励或事前购买的众筹模式，而基于股权的众筹仍是不合法的。如FundWeaver致力于为加拿大本土的风投项目进行融资；PodiumVentures则用其社会网络连通高科技风投项目和合格投资者；此外，Sokap和IdeaVibes也是加拿大知名的众筹平台。①

而在中国，鉴于国内对知识产权申请与保护的现状，项目发起者难以维护自己的智力成果。多数众筹平台只能吸引处于初级阶段的创业者或是一些低门槛的项目，具有核心优势的项目出于募资规模和知识产权保护等因素的考虑，不会选择通过众筹平台募集资金。目前国内几乎所有的众筹网站都仅仅支持以项目的名义募集资金，而不向创投公司开放，其通常支持的项目也仅仅限于设计、科技、影视、音乐、出版、游戏、摄影等范畴，并未吸纳公益类等其他类别的项目。

往往那些在传统渠道得不到风投或捐助的项目，在众筹平台上却能大放异彩。未来众筹营利的商业模式大概有两条路可选。一是做资源平台，把网站上的创意产品和硬件公司、VC结合起来；二是"内部投资"，由于掌握着众多优质项目，想要在商业模式上寻求突破的众筹平台未来完全可以投资平台上的优秀项目甚至直接转型成为孵化器。而实现平台专业化、打造企业众筹、发展慈善化众筹经济以及策划现场众筹等都可以作为未来的发展趋势。②

---

① 李雪静：《众筹融资模式的发展探析》，载《上海金融学院学报》2013年第6期，第75页。

② 余枚：《众筹兴起》，载《新理财》，http://www.xinlicai.com.cn/2013/1225/383.shtml，2013-12-25。

第四节｜小微电商的网络融资平台

电子商务平台具有可以累积大量用户的先天优势，企业可以根据其平台多年累积的交易数据信息，同相关技术分析出的用户信用状况进行结合。目前已经有许多电子商务公司进入了互联网金融领域，典型代表有阿里、京东等等。[1]阿里金融以阿里云为整个贷款的技术基础，淘宝、天猫等平台信息流源源不断地流入阿里云，阿里云对其进行专业化的分析处理，通过网络数据模型及其他渠道获得的信用记录确定授信额度，发放贷款，从商户提出申请到商户收到货款，全流程系统化、无纸化、快捷化。京东的小贷业务是以自身的信用作为担保，从银行获得必要的授信，那些取得授信额度的供应商，在完成对京东的送货后，就可以与京东对账，在核对无误后，京东给银行发出指令，银行将货款提前与供应商进行清算。到账期规定的结款日，京东再将货款（本金）还给银行，供应商则需要支付银行年化7%的利率。

目前我国存在着数千万家小微企业，占到全国企业总数的绝大部分。这些小微企业大多涉及一些新兴领域，发展的前景难以预测，经营风险较高，而自身的资金实力薄弱，缺乏抵押品使得其很难提供高质量的贷款担保，于是小微企业融资难成为初创企业共同的痛处。很多小微企业由于缺乏资金来源而中途夭折，退出市场。在这种背景下，基于电商平台的网络小贷业务逐渐发展起来，为小微企业的融资提供了新的渠道。其中，阿里巴巴旗下的阿里小贷是典型代表。

阿里小贷是阿里巴巴集团旗下独立的事业群体，主要的服务对象是小微企业以及个人创业者，主要的服务范围是小额信贷业务。目前，阿里小贷已经形成了阿里贷款的业务群体、淘宝贷款业务群体，并已经推出了淘宝（天

---

[1] 沈虹杉、谭杨杨、吉宁等：《2014中国互联网金融行业深度研究报告》，http://www.tubaobei.com/show-4a815d3b-8165392-7b59fafe.html，2014-06-16。

猫）信用贷款、淘宝（天猫）订单贷款以及阿里信用贷款等微贷业务产品。阿里小贷在传统金融机构所忽视的领域中，发现了小微企业这一新的目标客户，开拓了属于自己的新的市场。

阿里小贷的基本理念主要是：基于人际关系的网络在商业中具有无限可能理论、以客户网络信用为核心的用户评级理论、以大数法则和灌溉理论为基础的信贷流水线理论、动态风险管理理论等。凭借这些理论，阿里小贷已经拥有了大量的客户群体，并且在风险管控、投资人保护机制上越来越完善，在市场上的声誉也日渐卓著。它的产生与发展为小微企业的融资带来了新的气息，丰富了它们的融资方式，缓解了小微企业融资难的社会问题，是对传统借贷领域的有效补充。[①]

第五节 | 网络金融销售平台

金融超市的网络化

网络信息技术的发展使我们的社会进入了互联网时代，人们的生活和工作都变得更加方便快捷，在这种背景下，网上购物也逐渐成为一种新兴的购物方式。与金融市场的快速发展相伴随的必然是金融衍生品变得愈加多样化和差别化，而金融产品的多样化和差别化反过来也会推动金融市场的繁荣。这种相互交织促进的运行机制是现代市场经济前进的结果。有基于此，我们有理由相信，随着金融市场的进一步发展，以及金融产品及其衍生物种类的不断增多，网络金融超市会成为人们网络购物的一个新热点。

---

① 薛逸飞、谭晓雯：《基于电子商务平台的小额信贷发展研究——以阿里小贷为例》，载《知识经济》2014年第1期。

金融超市本质上是一个虚拟的综合网络交易平台，就像现在人们所熟知和使用的淘宝商城、京东商城一样，只不过金融超市中的商家是一个个金融机构，它们提供的是金融产品。金融产品的消费者在网络平台上进行产品选择，下单购买并完成交易。这种金融超市不需要设立实体网点，在网络上就可以便捷地完成整个交易过程。

网络金融超市的优势

网络金融超市是一个金融产品的大卖场，在这个平台上，各种金融产品聚集在一起，同类产品可以进行集体管理，从而获得了规模经济和范围经济的优势。这就大大减少了管理成本，提高了平台的运行效率，也提高了资源配置的效率。

此外，从消费者的角度来看，在这个大平台上，各种金融产品的信息都展示出来，消费者可以方便地进行金融产品的比较与选择，减少了搜集信息的时间，也有利于降低交易成本。这也使得消费者能够在短时间内同时购买多种金融产品，从而实现分散风险的目的。[1]

网络金融超市创新

金融服务包含两个层面：金融服务内容与金融服务模式。相应地，金融服务创新也包含了这两个层面的创新。

金融服务在内容上的创新，主要是指金融工具的创新。为了满足不同投资者的需求就需要创造出不同的金融工具，这些金融工具在期限、流动性、安全性、收益性等方面存在着差异，从而符合不同的投资者的要求。

---

[1]　张靖：《网络金融超市监管问题初探》，载《现代商业》2013年第3期。

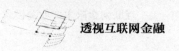

金融服务模式上的创新，主要是引入新的网络技术和服务流程，从而使得整个金融服务更加方便快捷，客户可以获得更好的用户体验。在传统的金融机构中，金融服务的提供主要是在线下，这就会产生大量的成本。而在网络时代，线上金融服务的提供突破了时间和空间的限制，能够为客户提供各式各样、灵活多变的金融服务，有利于实现整个社会效益的提升。同时，对于金融服务提供者自身而言，网上金融服务省去了实体网点的设立成本，大大降低了服务成本，提高了利润。

在传统意义上，金融服务的提供者大多是金融机构，而随着网络技术的发展，许多非金融机构也加入了金融服务提供者的队伍之中。它们主要是一些互联网公司，其在数据挖掘、信息技术方面存在比较优势，从而可以为金融业的发展带来新鲜的血液。

第八章

互联网金融监管

　　互联网金融是信息技术与金融相互结合的产物，互联网减少了信息不对称的状况，提供了便捷的融资渠道。有人把互联网金融称为"自金融时代"，即超越金融机构的资金供需者间的直接融资平台，并把它当作我国金融改革的助推器。传统金融服务不能满足个人和企业融资需求是互联网金融在我国风生水起的主要原因，在美国等资本高度发达的社会，互联网金融这一概念的热度远不及中国。在存款利率受管制但货币市场享受协议存款高利率的情况下，中小投资者无法进入利率更高的货币市场，只能投资货币市场基金以分享货币市场的高收益。

　　互联网金融的蓬勃发展势必倒逼我国金融改革，促使金融改革的步伐加快。但同时，也要高度重视互联网金融风险防范，要让金融监管的脚步跟上金融创新的速度，避免互联网金融的高速无序发展成为阻碍其长期发展的绊脚石。这样必须把握好互联网金融发展与监管的度，既要促进其发展，继续保证其活力和繁荣，又要引入合理的监管体制，为其健康发展提供充分有力的保证。互联网金融活跃给行业秩序和监管等带来不小的挑战，是一项考验

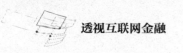

监管者智慧和协调能力的浩大工程。

金融的本质是信用，信用就是风险，风险管理能力主要体现在互动性风险控制、信用风险控制及盈利风险控制。开展互联网金融要有准入管理，应该采取注册制。加强互联网金融的交易秩序的管理，按照"公正、公平、公开"原则，让每一个互联网金融交易活动的参与者充分了解有关交易规则。要鼓励充分竞争，竞争能让信息充分传达，有效提高金融市场运行效率。

互联网金融作为普惠性的金融服务具有高度的涉众性，需要在法律轨道上规范运行才能保障其健康发展。必须把加强互联网金融监管上升到影响我国金融安全问题的高度来认识。当务之急主要有三点：第一是要明确监管的主体；第二是通过立法，以制度的形式对其加以规范；第三是要发挥行业自律的作用，颁布行业内部统一的标准和规范。此外，企业也须强化内部管理机制，承担社会责任。

第一节 | 互联网金融监管的必要性

随着改革开放的不断深入，市场经济体制在我国逐步建立起来。进入21世纪，世界经济一体化和区域经济一体化正逐渐加强，我国自"入世"以来，积极参与世界的经济和文化交流，具有中国特色的社会主义市场经济体系已经逐步完善。随着信息时代和互联网的飞速发展，互联网金融作为一种新兴的金融服务也迅速在金融领域占领了一定的市场份额，并展现出强劲的发展势头。就我国目前的市场来看，互联网的普及率不断攀升及网上交易不断被人们所接受，更加刺激了互联网金融的发展。它已经成为我国许多金融行业创新和扩大自身竞争优势的一种方法。这种变化深刻地影响了我国金融市场的监管方式，对在传统运作模式下的金融监管体系提出了新的挑战。

首先，互联网金融资金安全问题较为突出。

目前互联网金融还属于新兴事物，在风险控制机制上还不完善，存在着较多的漏洞。为了自身的利益，互联网金融企业可能会采取一些措施放大风险，投资人的资金安全得不到保障，很可能出现管理缺陷、黑客攻击、技术漏洞、人为因素等导致的安全问题。

其次，金融消费者权益易受侵犯，监管取证难。

互联网金融的安全隐患使得消费者的合法权益容易受到侵害，容易出现信息、资金的非法窃取、盗用等现象。而目前关于互联网金融消费者权益保护的相关法律法规又处于空白，这就加大了权益侵害的可能性。同时，对于互联网金融这一新兴事物，消费者并没有相关的专业知识，不具有相应的信息识别与判断能力，对相关产品很可能只是一知半解，处于信息劣势，这就非常需要相关法规来保护消费者的合法权益。[1]

最后，缺乏有效的法律法规体制，行业自律体系不健全。

我国当前的互联网金融行业缺乏对其健康发展进行规范化监管和指引的法律法规体系，全行业大体上处于无门槛、无标准、无监管的"三无状态"。[2]互联网的高速发展极大地加快了金融创新的步伐，在促进金融业进一步发展的同时，也给金融业的监管带来了非常大的挑战。互联网金融的虚拟性会加大金融体系的不稳定性，进而削弱金融监管的有效性。日新月异的互联网金融业务，无论是投资理财产品还是各类平台的出现，都让监管部门力不从心、措手不及。我国现有的法律法规体系难以适应互联网金融的创新产物，过去的各种商业制度难以适应互联网金融所产生的新型商业活动。互联网金融与传统金融业不同，目前对其创新的界定尚不确定，这导致很多情

---

[1] 高汉：《互联网金融的发展及其法制监管》，载《中州学刊》2014年第2期。
[2] 仅少娜：《互联网金融存在的问题及其监管的对策建议》，载《经济研究》2014年第4期，第12页。

况下相应的监管立法也是滞后的。

目前金融监管部门对互联网金融采取"先发展，后规范"的监管态度，对互联网金融监管的"度"的把握使监管部门陷入了两难境地。确实，在互联网金融风险没有充分暴露、模式有效性没有得到充分事实检验前，互联网金融监管立法必须慎重考虑。还有，互联网金融的行业自律体系不健全，既缺少强有力的外部约束，又没有业内规范的行业自律，基本上各自为战，对行业系统风险视而不见。应该说，互联网金融的稳健发展主要还是取决于其内部机制，互联网金融内部的人才能缩短识别风险的时间延迟，率先识别内部风险，完善的行业自律体系是互联网行业有序高效发展的前提保障。

第二节 ┃ 互联网金融功能监管

根据互联网金融所经营业务的性质来进行监管，是功能监管的核心。如果互联网金融从事的业务范围实现了类似于传统金融的作用，那么就应该受到相同的监督与管理。对互联网金融行业进行合理适度的金融监管，是促进其健康发展的重要保障。

第一，应严防互联网金融的系统性风险。

系统性风险是整个金融体系所面临的整体风险，而这种风险往往是由单个或者少数几个金融机构的破产所引起的。这种风险会对金融体系和实体经济带来严重性的打击。在金融体系中很有可能出现连锁反应，从而导致危机的迅速蔓延。当某一金融机构出现危机面临破产风险时，其为了保护自己，大量抛售资产，从而抵御风险，保护投资人利益；但金融机构之间往往存在着大量的业务往来，传染性导致相关机构也不得不抛售资产进行自保，这就很快形成了一系列的连锁反应，危机将会迅速蔓延传染。当所有的金融机构都抛售资产时，这个行业便面临着致命的系统性风险。这也是金融体系经常出现的合成谬误现象的原因。单个个体的自保行为如果应用于整个行业，可能就会出现致命的打击。

在互联网金融的体系框架中，金融机构的亲周期性也是系统性风险的来源之一，因此在微观层面审慎监管的同时，互联网金融的监督与管理需要更加重视加强宏观层面的审慎监管，注重逆经济周期的金融监管。

互联网金融技术的领先性、业务推广的高效性与支付系统的快捷性是其主要优势。但纯粹的数字化网络交易则为互联网金融预防和化解风险带来了困难，一旦发生失误就可能出现难以挽回的局面。因此，互联网金融的系统性风险可能比传统金融的系统性风险对经济体系的打击更大，需要通过更加严格的风险防范机制来加以预防。①

第二，完善信用体系，加强消费者保护。

国外互联网金融特别是网络信贷的快速发展，依托于国外较为健全的信用评价体系。而当前，我国信用体系主要依赖于不良信息记录，互联网金融投资者可以依照不良信息的存在与否决定是否进行投资，但很难通过不良信息的多寡有无来定量判断投资风险。因此，应通过大数据分析系统建立多层次的信用评级体系，推出信用评级机制。可将在网贷平台业务中产生、采集和查询到的大量信息数据，经本人同意后提供给征信机构，在征信机构与网贷平台之间建立起完整的信息共享数据库，对信息的提供和使用进行规范化管理，通过整合与风险管理相关的各类信息，征信机构可以建立起良好的信息管理系统和严格的安全管理制度。互联网金融企业可通过征信机构的数据对借款人进行全方位评估，快速方便地解决信息失灵问题。要引导消费者正

---

① 罗明雄：《第三方支付推动金融业发展》，http://stock.sohu.com/20140710/ n402043541.shtml，2014-07-10。

确使用互联网平台，提高风险防范意识和维权意识，建立金融消费者权益保护的长效机制。

我们需要加强信息披露，加快社会信用体系建设及央行征信系统建设，降低互联网金融虚拟性、开放性引发的风险，构建良好的市场环境。同时，建立相应的消费者权益保护机制，设立专门的维权和争议解决机构，保护消费者的合法权益。为了使消费者投诉有门，我们需要为互联网金融的消费者建立多途径投诉处理渠道，健全投诉处理工作的机制，进一步做好对争议的处理。同时，需要加强对互联网金融消费者的宣传教育，提高消费者的自我保护能力、风险防控意识、法律和金融知识水平，从而使消费者更好地运用法律武器保护自己的合法权益。[①]

第三，尽快出台相关法律法规，完善金融监管体系。

当今各国对将互联网金融纳入已有的法律框架普遍很重视，认为互联网平台必须严格遵守现有法律法规。我国现有的《商业银行法》《证券法》《保险法》等均无法单独对互联网金融行业形成有效的监管和约束，立法机关应当考虑与时俱进地修改上述相关法律法规并调整《刑法》《公司法》等部分法规和条款，将互联网金融这一新生行业囊括进去。我们既要依法严厉惩治金融违法犯罪行为，又要为其创造宽松的法律政策环境，引导其健康发展。

此外，在条件成熟的情况下，可适时研究尽快出台相关法律法规，加强适应互联网金融的监管和风控体系立法，完善与互联网金融发展相关的基础性法律，使其涉及对个人信息的保护、电子证书及电子签名等的保障。明确互联网金融交易主体的行业准入门槛、责任、权利与义务，规范互联网金融的交易行为，制定公平交易规则和安全法规。强化行业自律，构建多层次的

---

① 李东卫：《互联网金融的国际经验、风险分析及监管》，载《金融市场》2014年第4期。

互联网金融监管体系。互联网金融的从业者要进行严格的自律，建立行业自律协会，制定行业规则标准，规范互联网金融从业人员资格，使互联网金融行业更加有序化。

第四，进行动态比例监管。

在中文和英文中，金融监管都是一个很模糊的概念，需要进一步进行厘清。而事实上，按照从松到严的标准，金融监管可以分为四个层次。第一层是市场自律，主要采取自愿实施的方式，由金融企业和行业协会来发布自律准则。第二层是注册，主要是通过注册相关部门能及时掌握有关机构的信息。第三层是监督，主要是持续监测市场或机构的运行，如非必要不会采取直接的监管措施。第四层最为严格，是审慎监管，对相关机构提出资本和流动性等监管要求，并且有权进行现场检查。而法律本身作为规范市场主体行为的监督约束的工具之一，可以视为一种广义的监管形式。司法机关负责处理互联网金融领域的违法犯罪行为。例如，香港小贷机构的监管就是由警务处负责。根据互联网金融的发展动态、风险水平和影响程度，相关金融监管部门需要定期评估不同互联网金融平台和产品对经济社会的影响，并根据评估结果确定监管的范围、强度和方式，实行分类监管。对于影响较小、风险较低的，一般可以采取市场自律、注册等监管方式；而对于影响较大、风险较高的，我们则必须纳入监管范围，甚至实行最严格的监管。

第五，注重监管的一致性，防止监管套利。

金融机构利用监管标准的差异以及模糊地带，选择相对宽松的标准，来降低监管成本、规避管制以及获取超额收益的行为，称为监管套利。金融危机爆发前，在学界、业界和政策界，"监管套利"一直是一个中性的术语。次贷危机后，全球监管部门给监管套利贴上了鲜明的负面标签，并对影子银行等规避监管的行为进行了深刻反思。其主要原因是监管套利阻碍公平竞争，破坏市场秩序，损害有效监管，更严重的是，它会损害发展中国家的监管公信力。互联网金融所提供的支付和放贷等服务，都与传统的金融业相仿。如果对相似的金融服务和产品采取不同的监管标准，将易于引起不公平竞争和监管套利。事实上，越来越多的持牌机构在抱怨监管力度不一样的问题，为维护公平竞争，确保监管有效性，在设计互联网金融监管的规则时，我们应确保两个一致性：一是，不论是传统的持牌金融机构还是互联网金融机构，只要从事的金融业务相同，就应该受到同样的监管；二是，对互联网金融企业的线上、线下业务的监管应当具有相同的标准。[1]

第三节 | 互联网金融机构监管

我们要做到以下几个方面，来保证互联网金融行业的有效监管。

第一，要尽快建立全国互联网金融相应的监督管理委员会。应由央行牵头进行，由银监会、证监会、保监会、财政部、国务院法制办、工信部等部门协同参与，联合组建该委员会，归为国务院下属，全面负责互联网金融的监督和管理，建立规章制度，从而保证金融监管的专业全面性。此外我们还要建立稳定的交流合作及信息共享机制，以预防系统性金融风险。

第二，要发挥全行业的自律作用。支付清算协会互联网金融专业委员会应积极地发挥领导作用，自律机构需要加强内控建设，并提升防范风险与安全经营的能力，不断地明确自己的职责，以促进行业的规范健康发展。

第三，建立分类监管的机制。我们可以参考针对比特币的监管办法，对互联网金融所涉及的业务采取各有侧重的监管措施。如涉及民间借贷方面，监管机构要求互联网金融企业对资金的来源、担保、运用以及风险处置必须

---

[1] 张晓朴：《探索互联网金融新监管范式》，见财新网，http://opinion.caixin.com/2014-03-23/100655364.html，2014-03-23。

做明确规定；对于理财行为，可以依照符合客户风险承受能力和盈利要求的原则，制定并出台《互联网理财条例》；在P2P行业，需要尽快出台细则，并且成立专门部门来独立运行。

第四，要强化属地监管。例如，二维码支付打破了传统的终端业务模式，其风险水平直接关系到客户的资金安全和信息安全。虚拟信用卡的推出打破了信用卡的业务模式，然而在落实客户身份识别的义务、保障客户信息的安全等方面，我们还需要进行进一步的研究。有鉴于此，中国人民银行的支付结算司要求杭州中心支行支付结算处向支付宝公司传达监管意见，要求其暂停虚拟信用卡和二维码支付相关业务，并保证在业务暂停期间实现平稳过渡。

金融企业与互联网平台融合，对于促进金融产品和服务的升级有着巨大作用。在对互联网金融业实施监管的同时，监管部门也应当鼓励其进行更多的创新。我国现行金融法律大多以传统的有形货币为调整对象，以此为基础的制度体系，越来越难以适应互联网金融监管的要求。互联网金融仍处于起步时期，需要制定相关的法律规范，来解决一系列监管难题，这不仅是我国面临的现实法制问题，更是保障国家的金融安全、避免发生金融危机的要求。

有鉴于此，我们应将互联网金融领域的立法上升到国家战略安全的高度和层面。风险控制资本的充足比率、信息披露机制、市场准入门槛、企业内部结构框架、广告宣传、消费者权益保护等，都是互联网金融企业在运行时非常可能出现问题的地方。在立法过程中，我们应当对上述环节中相关主体的义务进行进一步的明确和分工，加大惩罚力度，以确保互联网金融行业的安全发展以及整个国家的金融安全。

同时，还应当从技术以及体制等各个方面不断地推进企业的安全管理。企业应当针对计算机硬件存在的缺陷、来自网络内外部的恶意攻击和兼

容问题，通过修改或者重新建立服务程序，防止资料或者资金被盗用等安全问题的发生。

此外企业还应该加强内部控制体系的建设，如防止内部人员出现违规操作、私自窃取甚至贩卖客户信息，建立健全的内控稽核制度；应大力发展具有自主知识产权的先进信息技术设施，以提高计算机系统关键软硬件设备的安全防御能力。

第四节 | 美英互联网金融监管模式及其对我国的启示

英国互联网金融起步早，发展快，在本国融资市场所占份额也高。2005年，英国出现了全球首家P2P网络小额贷款公司Zopa。据英国开放数据研究所报告称，英国人人贷市场规模在过去3年里增长了2倍，累计达5.5亿英镑，2016年市场规模有望突破10亿英镑。

英国：行业先行，监管紧跟

英国的监管模式是将行业的自律和政府的监管相结合，两者相互补充，共同执行监管职能。由于英国相关行业自律性很强，行业协会的监督和管理非常有效，成为对宏观层面金融监管的有效补充。P2P发展起来之后，英国迅速成立了全世界第一个P2P行业协会，即英国P2P行业协会（Peer-to-Peer Finance Association，简称P2PFA），之后又成立了众筹协会。这些协会制定行业统一的标准和规则，在微观层面，对行业的发展起到了非常好的引导规范作用。其次，英国的监管架构也有着鲜明特色，英国只设立了金融监管局（FSA）来负责金融领域的宏观监管工作。这种简单的监管架构有助于效率的提高，也体现了英国法律制度的包容性与灵活性。此外，英国征信体系非常完备，以三家公司为主体架构，市场化程度很高，其数据系统非常可靠和专业，互联网金融公司可以以很小的成本获取用户的信用信息。

但客观地来看，英国互联网金融的监管机构在互联网金融领域的监管更多的仍然是"摸着石头过河"，经验仍不够丰富。虽然FSA已将其纳入监管体系之中，并向市场释放出规范P2P和众筹融资平台的信号，但这个2014年才正式发挥作用的机构的监管能力和监管实效仍然有待考察，其效果的发挥仍需时日。

美国：多部门分头监管，政府立法与行业自律并行

美国互联网金融行业的发展前景也被普遍看好。在监管方面，与英国模式相比，美国模式偏向由政府主导，州与联邦共同进行监督管理和立法规范。美国将互联网金融纳入先前就已有的金融体系中进行监督管理，并随着新兴金融形式不断创新和升级，进行政策和法规的调整，扩充金融法律制度体系，从而为金融消费者的权益提供多层次、全方位的保护。

首先，美国所采取的是一种及时布局的互联网金融监管方法。2012年，美国政府通过的JOBS法案，允许小企业通过众筹融资获得股权资本，以法律的形式承认了众筹模式。这种及时进行布局的监管方法，有利于规范行业发展，既从宏观的层面对互联网金融创新提供支持，又降低了政策推进的难度。

其次，美国的监管制度是一种较为完备的征信体系。美国拥有全球最为完备的征信体系，以Experian（益百利）、Equifax（艾克发）、Trans Union（环联）为主的三大信用局和以标准普尔（S&P）、穆迪（Moody's）、惠誉（Fitch Group）为主的信用评级体系，构成美国征信体系的基本框架。

与英国全市场化运作的征信体系不同,美国的信息架构获得了政府的大力支持,借力互联网技术在美国得到迅猛发展。政府的主导使得征信体系的构建在信息筛选、流动和共享方面有很大优势,使得风险降到最低。

最后,美国的监管制度对消费者权益的保护有着特殊的关注。2012年7月,美国通过了《金融监管改革法案》,所有针对金融消费者的保护性措施都将由一家新成立的、独立的消费金融保护机构——美国消费者金融保护局(CFPB)来执行。其宗旨就是保护消费者和投资者免受金融系统中的欺诈行为和不公平行为的损害。

对我国互联网金融监管工作的启示

第一,在监管推进的方向上可以借鉴美国的模式,明确监管机构和重点,将市场准入、资金流动、信息透明、征信体系与平台退出方面的规则进一步地明确,建立起有统一标准的监督管理体系。完善对消费者隐私的保护、消费者知情权和选择权保护、电子合同的合法性、消费投诉处理体系以及交易证据的确认等方面的规定,构建严谨有序的互联网金融市场。

第二,要打破当前分业监管的模式,推进统一监管,加强监管当局彼此之间的交流合作。当前中国已经逐步从之前的分业经营,走向了混业经营,互联网金融的出现更是加快了混业经营的进程。分业监管会引起监管上的重复或者缺位;此外如果各部门之间的信息沟通交流不畅通,政策之间的冲突、信息传递延时等问题也会影响到监管效果。

第三,行业自律与国家立法相互补充,建立行业自律协会,在行业内部形成自我约束、自我监督机制。当前中国行业的自律意识较弱,主要是依靠政府设立底线法则推动行业健康发展。树立行业规范,建立行业协会,使之承担起道义监督和风险警示责任,增强其公信力和执行力,发挥其影响力和号召力，对政府的监管形成必要补充，进而推动行业的健康发展与市场化进程。

第四，要注重保护消费者的利益。美国和英国都有着非常严格的消费者保护法，并将其作为最重要的监管目标之一。由于在市场权益的分配上处于弱势的地位，消费者承担着互联网金融体系中的主要风险。由于P2P业务的无形性、专业性和信用性，消费者在其中更容易受到侵害。因此迫切需要加强互联网公司信息披露，保护消费者隐私，培养消费者权利意识，构建高效的消费投诉和处理体系。

第五，应当加快推进征信体系的建设，为互联网金融的信息流动、共享和核准提供必要支持。互联网金融既受益于大数据，但同时又受到信息核准技术的限制。因此应加快征信体系的建设，扩大信用体系数据采集范围，拓展社会信用体系内涵，增强互联网金融的信息透明度，降低互联网金融虚拟性所带来的风险。

第六，立足于实际，走有中国特色的监管道路。对于中国的互联网金融，我们要做到具体问题具体分析。我们必须要怀着谨慎而又乐观的态度，进行多方权衡，采取最符合中国国情的监管政策，抓住金融业深化变革的历史机遇，以促进互联网金融的发展。①

---

① 宋国良：《美英互联网金融监管模式镜鉴》，载《人民论坛》2014年第19期。

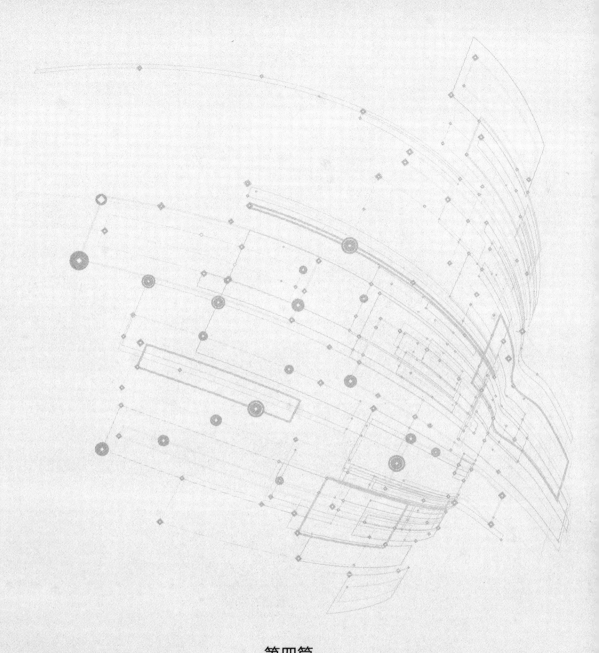

第四篇
| 微观案例：欧美、日本、中国互联网金融发展对照 |

第九章

欧美互联网金融案例

在宏观经济周期的波动中，互联网金融产业悄然生长而后突然崛起，既是意料之外也是情理之中。当资金配置愈发追求低成本、资本市场手段愈发丰富时，金融市场在互联网背景下的革新也显得顺理成章。在宏观视角中，我们已经看到宏观经济周期与互联网金融之间的紧密互动，应该说互联网金融也是宏观经济新常态下的未来发展方向之一。而在中观角度上，我们充分拆解了互联网金融产业发展的六大业态，在产业突进与监管健全的双重背景下，未来互联网金融将如何成长应当获得更大的关注。

正如歌德所言，不断变革创新，就会充满青春活力；否则，就可能会变得僵化。于人如是，于企业更是如此。一个事物在新生发展之时，必然面临许多挑战，在冲击之下能够存活者才能成为最终的王者。互联网金融也适用同样的道理，金融之始在于资金流通，通者讲究一个"变"字，在互联网金融野蛮生长的背景下，何种模式能够取胜？哪个企业能够成为霸主？产业趋势究竟路向何方？这些都依赖尝试与创新。纵然欧美日的互联网金融先于中国起跑，但至今也没有定论。当今中国互联网金融风光无限却饱受争议，我

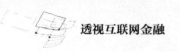

们似乎应当立足今天，回首互联网金融的前世，对未来做出更具战略意义的规划。

目前，欧美作为世界金融领域最发达的地区，其资本市场的发展最为深化，同样互联网金融在欧美发展的历史虽然不算很长但相较于世界其他地区依然居于领跑地位。首先就让我们追寻欧美互联网金融企业的成长路径，看看在资本自由流动、金融市场充分发育的条件下，互联网金融企业的生长轨迹。

考虑到欧美互联网金融企业专业化程度高，企业所处产业链对应业务模式明确，我们按照互联网金融的不同业务类型来分别看看各类型互联网金融企业的发展。

第一节 ｜ 第三方支付

如果说，金融发展来源于资金配置需求的推动，互联网金融的发展显然也难以例外。互联网金融飞速发展最直接的原因之一，便是如雨后春笋般生长起来的商务平台中产生了大量的资金配置需求。第三方支付模式的建立应当说是互联网金融萌芽期的关键业务。在中国率先成长起来的是第三方支付模式，在欧美最先膨胀成长的也是第三方支付模式。

目前，在全球范围内比较知名的第三方支付企业有美国的PayPal、Google Wallet，荷兰的Global Collect，英国的World Pay等。它们的发展历程确实称得上是跌宕起伏，有过辉煌岁月，如今却呈现一定颓势。究竟如何，我们详细来看一看。

美国PayPal的崛起与没落

应该说，PayPal是大家最耳熟能详的第三方支付公司，当然其实力与它的名气是相当匹配的。如今PayPal已经成长为世界上最大的互联网第三方支付公司，总部在美国加州圣荷西市。其目前在全球有超过2亿个注册账户，遍布190个国家，与15000多家金融机构达成合作，支持24种货币支付功能。

PayPal是美国对冲交易员Peter Theil和他的朋友于1998年12月在斯坦福大学创建的。一次偶然的机会，Peter Theil与一位叫Max Levchin的朋友共进早餐，聊到互联网行业前景发展的时候，Max Levchin认为有必要为电子转账付款建立一个安全可靠的软件系统。这次交谈对Theil启发很大，他辞掉了在对冲基金的工作，加入Max Levchin的团队。很快诺基亚风险投资就对他们的项目表现出了很大的兴趣，投入了300万美元，此后德意志银行又进一步投资了150万美元。随后Max Levchin的公司与金融服务网站X.com合并，改名为PayPal。1999年11月，高盛投资银行再次给PayPal.com注入2300万美元的资金。很快，PayPal就有了150万个账户，每天的资金流通量达到200万美元。2002年2月，PayPal成功上市，总市值达9亿美元。2002年7月，通过漫长而曲折的过程，eBay以15亿美元的价格完成了对PayPal的收购，此后，PayPal成为eBay的主要结算工具。

从PayPal的发展历程我们可以看出，PayPal的发展要义正是引领风潮、率先突破。PayPal的成功驱动力来源于资本市场与产业技术的相互补充与共同成长。真正让PayPal在第三方支付领域独领风骚的原因是其开创了互联网货币市场基金的先河，但是成也萧何，败也萧何，货币市场基金也是近年来PayPal受到冲击而衰退的祸根。

PayPal就是互联网货币市场基金的鼻祖，早在1999年即其成立不到一年时，PayPal便设立了账户余额的货币市场基金，不直接持有股票和债券，由

PayPal自己的资产管理公司，通过和基金与货币市场专家证券公司（Money Market Master Portfolio）相连，PayPal货币市场基金将所有资产投入该公司以追求投资目标的实现，该公司将PayPal注入的资金主要投资于高质量美元币值计价产品，由巴克莱全球基金顾问公司负责货币市场的专家负责证券公司的投资决策和调研。

为使资产内部风险降到最低，PayPal货币市场基金不支持融资融券，将浮动利率证券完全排除在其投资范围外，并禁止对冲；同时严格遵循投资时间窗口，投资的货币市场基金不得高于90天的美元加权平均投资组合期限，不能投资有效期限长于397天的任何证券。用户只需要开通货币基金账户，进行简单设置，存放在支付账户中原本不计利息的余额就会自动转入货币市场基金，获得每月收益，因此这种模式受到了很多用户的欢迎。PayPal货币市场基金堪称当时互联网金融的创举，其规模在2007年达到10亿美元的巅峰，相当于当时一个规模排名中游的货币基金。

2000年之后，美国利率大幅下降，对维持原有的收益率带来了很大挑战，PayPal只好不时采取放弃管理费用甚至补贴的方式来维持货币基金的收益率。同样地，在2002年至2004年的利率下行周期中，为维持货币基金的收益率和吸引力，PayPal放弃了大部分管理费用的收取，虽然活跃账户数和年成交总额分别上升了1.5倍和8倍，但仅仅勉强维持住超过1%的收益率，基金规模也仅增长了31%。这段时间成为PayPal自成立以来的第一次瓶颈期。

不过情况很快出现了好转。随着2005年利率大幅回升，2005年到2007年利率上行期间，PayPal货币基金的年收益率超过4%，规模连续翻番，增长了3.5倍，在2007年达到了10亿美元的巅峰。

但第二次重击很快袭来。金融危机之后，美联储实行了超低利率政策，导致整个货币市场基金行业再次面临困难。2008年后PayPal货币市场基金的收益率急剧下降，2011年仅为0.05%，相对于2008年贬损达98%。2011

年6月份，PayPal突然发布声明称，其管理的货币市场基金将于2011年7月29日关闭。

PayPal以货币市场基金的创举崛起，却最终黯然失败。主要原因有三：

其一，美国利率市场化程度高，套利空间较小，PayPal推出的"余额宝"收益率与活期存款利差不大，以至资金规模最高也就能达到10亿美元左右。其二，金融危机后，美国实行了超宽松的货币政策，将利率降低至零水平，导致PayPal货币市场基金最终不得不销声匿迹。其三，美国金融业发展较早，已经建立起一个高效、安全、稳定的信用卡支付系统。信用卡体系依赖于成熟的个人信用体系、完善的基础设施、先进的互联网技术以及配套的金融监管措施，该体系已经覆盖到几乎所有消费领域，因此美国消费者对PayPal之类的新支付方式并没有很强的诉求，这导致支付系统革新动力不足。

但是货币市场基金的关闭并未彻底毁灭PayPal的前途，PayPal依然独步领先于第三方支付领域。定位于成长为跨国交易中最有效的支付工具，PayPal凭借其集国际流行的信用卡、借记卡、电子支票等支付方式于一身的优势，在跨国交易中受到超过85%的买家和超过90%的卖家的认可。

退出货币市场基金领域之后，PayPal开始尝试从不同方向进行突破和发展。2012年3月，PayPal退出全球移动解决方案PayPal Here。同年8月18日，PayPal与麦当劳合作测试移动支付服务，在法国的30家麦当劳餐厅部署了第三方支付功能。在法国的试点项目中，顾客可以通过麦当劳的移动应用进行网络订餐，然后利用PayPal付款。2013年，PayPal与Discover共同拓展线下市场业务。

移动支付的代表Square

不同于传统基于互联网的第三方支付企业，随着移动互联网及智能手机

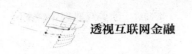

的技术革新和移动社交平台爆炸式的增长，基于社交平台的社交化移动支付系统形成了巨大的发展空间，移动支付成为互联网金融进一步革新的方向之一。美国近年来快速成长的Square就是移动支付的代表。

Square是Twitter联合创始人Jack Dorsey于2009年12月在美国旧金山市成立的移动支付创业公司。公司的核心业务是以Square Reader读卡器为终端基础提供Pay with Square便捷移动支付服务，面向的主要客户是个人和企业。

Square Reader外形是一个"小方块"，简单地将其插到商家的智能手机上后，商家就可以让顾客使用信用卡支付了。Square移动端支付模式有以下的优点：其一，商家和顾客不再受到收银机的束缚；其二，商家不再需要额外支付固定专用POS机所需的设备和连接费用。Square提供的最重要的基础价值就在"移动支付"本身：解决用户交易的资金支付问题。同时，Square还提供了交易管理、消费者与商家间的交互、移动社交等相关信息，这些都与支付和日常生活息息相关。

Square的营利模式十分简单。向用户收取的交易服务费是其最主要的收入来源，目前为每笔交易额的2.75%，但小型商户也可以选择按月支付每月275美元的佣金。而Square运营中的成本主要在于以下三个：交付给各银行的交易佣金、刷卡器硬件成本、团队的开发和运营成本。

自2009年3月以来，Square取得了快速的发展。截至2011年12月，使用Square移动支付业务的商家数量已超过100万，占美国所有支持信用卡支付商家中的1/8，并以每月新增10万商户的速度增长。2012年年初，Square年交易量达50亿美元，实际营收超过1亿美元。

自2009年创立以来，Square就一直备受华尔街青睐。此前，花旗创投和摩根大通、红杉资本、Kleiner Perkins、First Round Capital和Marissa Mayer等都曾投资过Square。高盛的前任CFO David Viniar还于2013年10月份加入了Square的董事会。Square在2012年之前已融资3.41亿美元，公司估值也迅速上升。在最近一轮融资中，Square的估值已高达50亿美元。[①]

但是当前围绕Square前景的争议也不断出现。造成Square前景不明朗的原因有两个。一是成本高昂，Square无法绕过维萨、万事达等信用卡公司，必须向清算公司缴纳固定的终端接入费用。如果是一笔5美元的交易，Square获得14美分，但如果客户用的是一张高级维萨卡，Square需要给银行27美分。除非支付金额大于10美元，否则Square无法获得任何利益。二是整个移动支付市场竞争激烈，越来越多在业务模式、营利角度上存在微创新的移动支付终端不断涌现，导致移动市场竞争愈发激烈。Square原定于2014年的上市计划被无限期延后，其可能被收购，而银行和信用卡公司都是潜在的收购方。[②]

等待推广的谷歌钱包

谷歌钱包（Google Wallet）是2013年11月由谷歌公司设计并发布的一款手机应用软件。它能够让你的手机变成钱包，将塑料信用卡、购物卡等各种钱包中存放的卡片存储为手机上的数据，以替代人们手中传统的卡片皮夹。谷歌钱包使用近场通信技术，通过在智能手机和收费终端植入的NFC芯片，完成信用卡信息或折扣券代码等数据的交换，力求通过智能手机实现团购折扣、移动支付、购物积分的一站式零售服务。

谷歌钱包的主要特点是：（1）新服务以近距无线通信（NFC）的技术为基础，需与卖场的感应机搭配；（2）运用移动付款方式尝试提升消费者的购买率，使其关注整套商务链，包括广告、促销、交易细节、优惠券与收

---

① 佚名：《国外互联网金融模式现状发展和案例分析》，载《中华商情报》，2014-05-23。
② 佚名：《十大不成功互联网金融案例》，见浮云在线，http://www.gdyfs.com/sx/yunfu/20140320/1044529.html，2014-03-20。

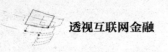

款等；（3）钱包服务将供免费使用；（4）为开放平台，还与零售商展开密切合作，目前有15家零售伙伴，包括美国鹰Outfitters、梅西百货和沃尔格林公司等。

但是当前市场对于谷歌钱包的反应远远低于预期，推广程度差强人意，支持的运营商和手机机型寥寥无几，远未达到谷歌预期。市场中甚至有传言称，谷歌准备放弃这种产品。之所以迟迟难以推进，最核心的原因不是技术问题，而是产业链上下游都不配合。因为谷歌公司所打造的这条产业链必须由谷歌、电信运营商、手机制造商、信用卡公司、银行、连锁商户组成，但是这些领域的市场竞争结构中市场势力和行业壁垒均较高。目前各大领域中的核心企业不配合推广谷歌钱包：美国四大运营商只有一家支持；美国最大的移动运营商Verizon以该业务存在安全漏洞为由，拒绝与谷歌合作；万事达卡和谷歌达成合作协议，但是另一大佬维萨则想推出自己的移动支付端。

跨国交易巨头Global Collect

Global Collect（简称GC）位于荷兰，成立于1994年，是全球领先的支付服务提供商，其主营业务为提供各种类型的线上与线下支付。迄今为止Global Collect业务覆盖的国家已经超过了200个。

Global Collect最大的优势在于其提供的在线支付方式非常的完备，因此以跨国交易便利而享誉全球。各种常见的信用卡、借记卡、银行转账、实时银行转账、现金汇款、直接借记、电子钱包、预付费、支票和发票等等均可以通过线上支付的方式实现。其中银行转账功能几乎支持世界上所有银行，同时客户还可以选择支付的货币种类，非常方便。

Global Collect为国际业务提供了理想的本地电子支付解决方案，譬如在线订单、邮件订单及电话订单等，而且专门服务于旅游、票务、电信、出版、零售、门户网站和数字化内容等各种类型的行业。大多数提供商的服务仅仅局限于提供收单银行的技术链接，但Global Collect却是一家可以提供全方位服务的合作伙伴，它还能通过简化后台流程来提高交易量、扩大分销渠道、降低成本，为客户提供咨询服务。值得一提的是，Global Collect不仅为互联网企业提供了各种各样的电子支付的渠道，还针对不同国家以及地区进一步实现本地化支付支持进行技术上的改进。

Global Collect的优势主要集中于以下这六个方面。第一，它提供了完善而全面的本地化支付解决方案，无论是维萨卡、万事达卡、American Express，还是借记卡、银行汇款、电子钱包、支票，或者当地的非信用卡类支付，都能够通过它轻松地进行支付。第二，它可以定期提供简洁而详尽的用户交易报告、财务报表、对账单和退单处理报告。第三，它为客户提供量身定制的策略咨询和相关技术支持服务，提升了服务水平，优化了用户体验。第四，它拥有独立的覆盖全球的银行网络作为收单合作伙伴。第五，它具备非常高的安全性和可靠度。第六，它所提供的一体化的防欺诈监控服务，大大降低了线上交易遭受欺诈的概率，将支付风险控制在最低的水平。[1]

作为国际顶级支付商，Global Collect在全球领域也不断迈进。2008年在新加坡设立了区域总部。2010年，获得荷兰中央银行（Dutch Central Bank）颁发的支付机构许可证，即所谓的支付服务指令（PSD）许可证[2]。2013年，Global Collect宣布在上海浦东陆家嘴金融贸易区核心地带、享有盛

---

[1] Lamp Blog, http://www.lampblog.net/2010/08/globalcollect/, 2015-06-08.

[2] PSD针对支付服务供应商建立了一套许可制度，就支付服务制定了信息要求，并列出了支付服务供应商及使用者双方的权利与义务。这一指令旨在确保整个欧盟/欧洲经济区付款服务的使用便利性、安全性与效率——尤其是信用转账、直接划款许可、卡类支付及所谓的现金转账。该指令就支付服务供应商引入了一些规则，并加以协调。

誉的上海国际金融中心（IFC）设立办事处，以进一步拓展亚太业务。

英国World Pay

曾经是皇家苏格兰银行（RBS）下属部门的World Pay是一家全球领先的独立支付业务运营商。它成立于1993年，总部设在英国剑桥，支持多种信用卡支付，例如银联、万事达、维萨、维萨采购卡、维萨德尔塔卡等，是英国一种常用的在线支付方式。

World Pay总部位于伦敦，在全球共有员工约3500名，其中62%的员工位于英国，31%位于美国。根据其2012年年报，World Pay共计处理80亿笔收单交易，交易量达2790亿英镑，净收入更是达到了5.3亿英镑。World Pay在148个国家的收单商户达25.2万家。

World Pay主要通过三大商业分部进行运营：（1）Streamline，英国市场占有率第一的全面POS收单服务机构和处理商；（2）e-Commerce，领先的电子商务支付解决方案的供应商，对超过120种货币提供支付解决方案；（3）World PayU.S.则是美国市场占有率第四的全面POS收单服务机构和处理商。[1]

2014年4月，World Pay正式宣布进驻中国，面向客户提供World Pay的所有电子商务功能，包括关系管理与企业支持。此举意味着将有更多的用户可以借助这个平台，在全球各地实现快速安全的网上支付。

---

[1] 见百度百科条目"world pay"，http://baike.baidu.com/link?url=gxFI3MAKoon FdAsopZzmcIe5hfbdcgA4TFpo0S_TZ6nhd18L51MmdloM_n_qRmcvPUrdnrln1 ASeGOEAHE1kMK。

第二节 | 个人理财平台

从业务形态内部结构上讲，第三方支付的同质化较为明显，差异度不高，地域与品牌壁垒相对重要。而在个人理财平台这一业态中，不同平台所提供的服务和理念都存在明显差异，用户定位与服务特色的差异是不同平台立足市场的核心武器，这也促使该市场中产品个性鲜明，值得一探。

为草根大众提供理财服务的Personal Capital

Personal Capital是一家坐落于美国雷德伍德城、为客户提供在线资产管理及投资理财顾问服务的公司。公司借助互联网金融便捷、草根性优势，针对被排除在传统个人理财行业之外的中低净值投资者，通过汇总投资者的财务信息，为其提供整套在线投资管理、银行账户和个人金融服务以及战略性的投资建议。

Personal Capital主要提供两方面的服务：免费的网页理财分析工具和收费的专职理财顾问服务。

针对一般个人理财需求，Personal Capital主要提供第一项服务。运用自动化算法为投资者提供资产配置、现金流量以及费用计算分析工具，相当于个人的"资产负债表""现金流量表"以及"利润表"。在这里，Personal Capital提供资产负债状况的风险监控管理、现金流入流出监控服务等，并分析他们在美国"401k计划"和共同基金上花费的费用，方便用户进行日常收支预算和管理。

针对有更进一步理财需求的投资者，Personal Capital为他们提供个性化的人工投资咨询服务。Personal Capital于2011年推出了付费的财富管理服务，由有着多年成功管理数十亿资产组合经验的分析师组成的服务团队向资

产达到10万美元以上的客户提供服务。该服务主要针对投资者不同的风险偏好和投资需求进行个性化的投资组合和投资策略的设计。[1]

个人财务中心Mint

另一款个人财务管理系统Mint的起源则颇为戏剧。2005年11月，Aaron Patzer在核对自己账簿时发现这是一个非常单调无聊的工作，为了能够得出一张简单的饼状图来显示他每个月在各个分类里的支出，他花费了一个下午回想每笔账单、填补每一笔账目差额，但最终却还是没有得出满意的图表。于是就在那天他开始思考如何用一种方法自动解决这个问题。Mint的雏形就此开始产生。

为了简化记账过程，实现自动化管理，Aaron创建了两个突破性技术以实现其他在线银行和个人财务管理软件所不能提供的便利：一个是分类技术，能够依据银行和信用卡公司的电子记录自动对支出进行分类和组织，显示用户的钱都花到了哪里，并且能够做到非常精确和详细；另一个是搜索技术，每天Mint都在为用户寻找新的节省开支的方式，持续性地将匹配用户需求的产品、服务和银行金融活动发送给用户。该技术可稳定地在各行各业内上百家商品或服务提供商的上千个选择中搜索出最好的交易，这样就可为每一个用户提供独特的省钱机会。

凭借自动化管理的优势，Mint可以节省大量的时间和精力，同时又能够提供实时准确的关于个人账户的信息，并且依据用户的消费习惯为用户量身定做省钱计划和挣钱建议。网站还有提醒系统，提示任何可能不合理的消费、欠账和到期账单，使得用户可以更方便简单地做出财务计划。这些优势

---

[1]　未央研究：《Personal Capital初步认知（一）》，清华大学五道口金融学院互联网金融实验室，http://www.weiyangx.com/31304.html，2014-05-19。

很快为Mint赢得了大量用户。

瞄准硅谷新贵的投资规划平台Wealth Front

Wealth Front的联合创始人Andy Rachleff曾是基准资本（Benchmark Capital）的创始人之一，它主要定位于硅谷科技员工。

Wealth Front非常关注用户的风险偏好，会根据调查问卷显示的结果为不同用户定制符合其标准的投资计划，并且定期对计划进行更新来更合理地控制风险，使投资方案始终落在用户的风险偏好范围内。此外，操作股票期权相关的服务工具也符合目标用户的需要，因此受到广泛欢迎。

另一方面，Wealth Front平台中用户的所有投资都是完全透明的。用户在任何时候都可以清楚地查看、跟踪自己投资的最新动态。

与其他理财咨询公司相比，Wealth Front平台更加适合普通大众投资者。首先，它没有最低资金的要求，普通投资人也有机会接触到高端的理财顾问。另外，相较于传统理财咨询公司至少需要收取1%的佣金，Wealth Front平台的用户投资额在不超过25000美元时不收取任何费用，超过后收取0.25%的咨询费。因此普通大众也可以以较低的成本享受到专业的理财服务。

投资组合设计平台Motif Investing

Motif Investing是一种投资组合设计平台，在个人理财平台中以社交化选股投资为特色，使用户不追随基金也能有主题投资组合。

平台中的一个Motif指的是一个投资组合，包含一组相似主题或理念的多只证券（其中可包括股票、债券等，最多达30只）。用户可以根据自己的

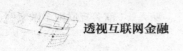

投资理念，从平台选择已有Motif直接使用，也可修改（调整其中包含的股票/基金的组成和比重）后使用，还可以创建自定义的全新的Motif。

Motif Investing应用先进的技术手段和社交化网络平台，帮助用户成为自己的基金经理。首先，它提供了强大的自助式投资组合设计工具，平台用户可以十分方便、直观地修改、创建、评估Motif，往往只需要几分钟便可拥有个性化投资组合；另外，平台还引入社交机制，用户可以将自己的Motif分享给好友，共同对Motif进行讨论和优化。

第三节 | P2P网络借贷

P2P网络借贷这一商业模式最早出现在英国。2005年3月，世界上首家P2P网络借贷平台网站Zopa在伦敦正式上线运营。分别于2006年和2007年上线的Prosper和Lending Club是目前在美国市场上稳居前两位的P2P网络借贷平台。由于比银行贷款更加方便灵活，P2P网络借贷模式很快便在全球范围内得以复制，比如德国的Auxmoney、日本的Aqush、韩国的Popfunding、西班牙的Comunitae、冰岛的Uppspretta、巴西的Fairplace等等。

P2P鼻祖Zopa

Zopa是"可达成协议的空间"（Zone of Possible Agreement）的缩写，全称为英国Zopa网上互助借贷公司。创立者为Richard Duvall、James Alexander、Sarah Matthews和Dave Nicholson，他们曾经发起组建英国最大的网上银行——Egg银行。随后，他们预见到了金融业的巨大商机，转而联合创立了Zopa公司。

Zopa平台的借贷操作实践非常简单。客户要在Zopa平台内注册，填列详尽的个人资料。注册成功之后，借款人若想成功融资，要拥有Zopa平台的风险评级，并以此确定借款利率水平。在Zopa公司与Equifax信用评级公司签署的相关协议的基础上，借款人的个人信用评级由Zopa平台参照该借款人在Equifax信用评级机构的信用评分确定。完成上述程序之后，借款人可以进行借款。

根据平台当日资金交易状况及成功撮合的借贷利率分布水平，Zopa能运用平台内的贷款计算器核定当日借款利率。借款人只需在Zopa平台输入相关信息（包括自身及家庭情况、借款用途、借款金额、信用评级，以及最高借款利率等信息），平台就会通过算法将借款人安排进入相应等级的细分市场（比如，A★、A、B和C级细分市场），将借款请求（包括借款金额、愿意支付的最高借款利率）列示在Zopa平台内的借款页面上。贷款人参考借款人信用水平，结合借款人愿意支付利率，以贷款利率竞标，并设定贷款金额。经过Zopa平台管理层考察核准后，借款人确定是否申请还款保障保险（若申请则还要行使一套平台内的相应投保手续），之后便可以获得贷款人提供的资金，从而满足融资需求。最终借贷双方达成的借款利率，主要受贷款人的风险喜好程度影响，风险偏好型贷款人会追求较高的利率水平，而谨慎的贷款人则会确定较低利率以规避相关风险。

Zopa平台内的贷款人可以提供500—25000英镑的贷款，以贷款利率竞标，利率低者胜出。贷款人贷给某个特定借款人的资金最低可以达到10英镑，最高不限。出于分散风险的考虑，一笔500英镑的贷款将至少覆盖50个借款人，每个借款份额可以达到10英镑。在竞标中，贷款人参考借款人的信用评级，结合贷款期限，以自身贷款利率参与竞标，利率低者胜出。贷款人将资金转入Zopa账户内，以备借款人按照预设条款将资金转账。根据贷款资金投向的分散程度，贷款人针对某个特定借款人的贷款金额最低为10英镑，

最高为25000英镑。

Zopa平台在考察核准后，将借款人借款请求与贷款人资金供应进行匹配撮合。借贷双方成功撮合后，贷款者可以确定资金成功贷出的部分，以及滞留于Zopa个人账户内的资金额度，以备后续资金借贷交易。

美国P2P巨头Lending Club

Lending Club创建于2006年，在美国证监会注册登记，提供二级市场贷款交易，目前在美国P2P网络借贷行业名列前茅。Lending Club为借款人提供线上贷款平台，投资者购买由贷款偿付支持的证券。

Lending Club主要充当的是一个借款者和投资者之间的中介角色，它首先对借款人进行相关信用等级的评定，而后再根据信用情况和借款期限确定贷款利率，最后将审核之后的贷款需求公布到网站上，供投资者进行浏览和选择，公布的贷款需求的内容主要包括贷款总额、利率和客户的信用评级。投资者在其网站注册后，根据自己的偏好在不同的投资对象中进行选择，并自行决定要投给每个借款方的资金数目，其中每笔金额的最低额度不得低于25美元。在这个过程中，投资者跟借款人之间并没有直接的资金往来，投资者购买的实际是平台发行的与借款者的贷款所对应的受益权凭证，因此投资者和借款人双方之间并没有直接的债权债务关系，整个过程相当于是一个贷款资产证券化的过程。在投资者选定了所要投资的目标之后，经由指定的银行（Web Bank）向借款人提供贷款，银行将贷款以凭证的形式销售给P2P平台公司，进而获得投资者为购买受益权凭证而支付给平台的资金。

在借款者还款时，借款人将相关款项直接还给Lending Club平台，Lending Club在扣除了管理费和其他费用之后，再将款项支付给投资者。此外，投资者的受益权凭证可以通过一家投资经纪公司（Folio Investing）进行转让或交易。如果转让成功，Folio Investing从卖方扣取总金额的1%作为手续费。

从借款人的角度来看，付给Lending Club的融资费用是由借款人所借款项的等级所决定的。这笔费用已经包含在了借款人的年度融资成本当中，要在贷款前一次性支付完毕。从投资者的角度来看，Lending Club将扣除借款人所还金额的1%作为服务和管理费用；若借款人没有能够及时还款，Lending Club将对需要催缴的部分追加征收30%—35%的滞纳金费用。

Lending Club给贷款人的利率根据"基准利率""对风险及波动率的调整"两部分计算而得，从而综合考虑了信贷风险及市场情况两方面。信贷风险的考量范围包括借款人信用分数（FICO信用分）、信用记录、社会安全号（Social Security Number）等等。此外，Lending Club把Facebook对成员的认证作为附加增信，从而提高信用度和安全度。[①]

美国单纯中介型P2P：Prosper

Prosper成立于2006年2月，由克里斯·拉尔森等人在美国加州旧金山市创建，公司的全称是"繁荣市场"（Prosper Marketplace, Inc.），是美国首个P2P网贷平台。

在Prosper平台上，想要取得贷款的人首先必须登记个人信用资料，并提供一篇项目计划书，以告诉大家所取得的这笔钱将会做什么用。如果利率合适，之后就可以取得相关款项了。从投资者的角度来看，投资者需要先将一笔钱存放到Prosper提供的账户中，之后再进行竞拍。投资者可以看到借款人的相关信用状况，比如有没有房屋、信用额度多少、有没有欠缴费的记录

---

① 王子威：《投中观点：互联网金融模式现状专题研究》，投中研究院，http://research.chinaventure.com.cn/report_864.html，2014-05-23。

等等；也可以向借款者提问，例如当前的现金流状况等等；最后决定标的利率和放款金额，例如以年化10%的利率提供500美元的借款等等。

如果最后所筹集的资金总额达到了预期的借款目标，那么Prosper平台就以当时确定的最高的借款利率为准，将款项贷给借款人了。这时，投资者将拿到证券化的债权。Prosper会发行一个和借款金额相同的债券给投资者持有。借款方每个月固定还款，用户手中的债券上的金额就会逐渐减少，投资者存在Prosper平台的、包括借款者偿还的本金和利息在内的可动用现金就会增加。

从借款人的角度来看，Prosper平台上的借贷操作非常简单。只要拥有美国合法公民的身份，超过520分的个人信用评分以及社会安全号、个人税号、银行账号的注册客户，均可以在Prosper平台上进行借贷交易。用户进入平台后，首先进行注册，在填写一系列相关个人情况后，会获取自己在Prosper平台上的信用评级，其中信誉最高的为AA级，最低的为HR（High Risk）级。信用等级将直接关系到借贷利率的水平，通常而言投资人更愿意以相对较低的利率将钱借给拥有更高信用的人。

之后，借款人就可以将自己的贷款理由以及个人相关信息放在Prosper平台上，并明确贷款金额、时间以及还款方式，最后设定最高贷款利率，由投资人进行竞标，利率低者胜出。通常情况下，借款人可以申请特定利率下1000—25000美元之间的无担保贷款。

虽然已经有了较为完善的征信体制，但是为了进一步降低坏账率，Prosper平台还创造性地提出"客户组"的概念。在一个借款人提出借款请求之前，他可以申请加入某个"客户组"，进而可以获得更为优惠的借款利率。这个"客户组"中往往有他在现实生活中的朋友或者家人。在经过"客户组"负责人的考察批准之后，借款人就成为该"客户组"的成员，并因为投资人对该"客户组"整体较高的信用评价而享受更加优惠的借款利率。当然，如果组内某个成员没有能够如期还款，将直接影响该"客户组"的整体信用水平，使得全客户组成员的借款所享受的优惠下降。Prosper平台同时还鼓励"客户组"组内借贷。

分散投资是Prosper平台帮助这些投资者降低风险的又一办法。在Prosper平台上如果有人想募集5000美元，投资者可以选择在这个项目上只放贷50美元，其他的4950美元由其他投资者来贡献。假设你有一万美元想要进行投资，每个项目你只投资50美元，这样就将风险分散到了200笔贷款中。在Prosper平台上，成功募集资金的通常都是那些信誉评级更高的人，这就使投资者的风险得到了进一步的降低。信誉较低的借款人只有2%能成功地借到钱，也就是说"骗子"顶多也只能在这里行骗一次。Prosper平台还会把欠债不还者的名单交给相关信用机构或者催款公司。

以上种种措施，让Prosper公司将坏账率降到了很低的水平上。根据一家专门做民间借贷寄账单业务的公司Advani的统计，平均来说非网上的个人借贷会有14%左右的坏账，而Prosper公司的坏账率仅为1%—2%，而另一家P2P借贷公司Zopa的坏账率甚至只有0.05%，如此低的坏账率哪怕是世界上风控做得最好的银行也难以望其项背。Prosper公司向借贷人收取总贷款额1%—3%作为回报，同时向被投资人每年收取不超过1%的维护费。Prosper平台内借款人的借款期限通常为3年，要求借款人按月还款，并且没有提前还贷的违约金或罚息。[1]

公益型P2P: Kiva

2006年的诺贝尔和平奖得主——孟加拉国经济学家穆罕默德·尤努

---

[1] 佚名：《美国P2P网贷平台Prosper运营模式》，http://p2p.yinhang.com/a_2014_0320_194411_2.html，2014-03-20。

斯，创立孟加拉农村银行，向社会最底层的穷人提供小额银行贷款，使这些在通常金融制度下无法得到信贷的人有了发展的起步资本。受此影响，许多普通人发现自己也可以成为小型的"世界银行"，向全世界贫穷国家和地区的穷人提供小额贷款。基于从事慈善事业的信念，这种新模式的小额贷款迅速发展起来。[①]Kiva就是目前规模最大的小额贷款网络平台之一。

Kiva上的借款请求是由其合作伙伴提交的，Kiva的合作伙伴包括一系列组织机构，如小额信贷组织（MFIs）、社会商业机构、学校和非营利组织等。这些组织的目标是为处于金字塔底的人群提供金融服务或者是利用这些机构的信用拓宽穷人获得扶贫项目和服务的渠道。Kiva的合作伙伴中有致力于缓解贫困的专家，他们为Kiva的贷款提供支撑性服务，并通过丰富的本地运营经验为Kiva上的借款者提供必要帮助。

Kiva的合作伙伴可以在用户借款请求提交到kiva网站前30天或者后90天就为用户发放贷款，事实上大多数请求在被提交到Kiva网站之前就已被处理。合作伙伴收集用户的故事、图片和贷款细节，同时也会要求借款者提交信用记录，以确定借款者的实际情况，并把它们提交到Kiva，最后这些数据被编辑并上传到Kiva网站，贷款者通过浏览Kiva，选择合适的目标提供贷款。贷款者可以提供任何超过25美元的贷款，为了减少交易流程，合作伙伴提交的贷款请求必须以25美元的增量增加，Kiva最后将收集到的贷款交给其合作伙伴，再由合作伙伴将钱借给已经商定的借款者。

合作伙伴从借款者处收回贷款和一定的到期利息，并将违约的贷款上报给Kiva，这些利息仅用来支付合作伙伴的日常开支，Kiva和贷款者都不收取任何报酬。如果借款被支付到合作伙伴账户，就会被返还给对应的贷款者，贷款者可以重新将资金投给其他借款者或是通过PayPal取出。

---

① 佚名：《KiVa：国际非盈利小额贷款银行》，http://www.egouz.com/topics/7365. html，2013-08-02。

Kiva模式有以下几个特点：第一，投资的最小额度为25美元，只接受Paypal支付；第二，采取分期还款的方式，最短的分期为6个月；第三，投资人的贷款通过当地的金融组织发放到借款者的手上，投资人不会和借款者直接接触。借款者可能需要向金融中介组织支付利息，但是投资人是得不到利息的。

虽然风险很低，但是最好还是要有所防范。Kiva降低风险有以下几个常见的方法：第一，尽量选择短时间的贷款，6—8个月的贷款是好的；第二，选择安全可靠的中介金融组织；第三，注意货币转换过程中的损失。

一般足够安全可靠的金融中介组织，其Delinquency Rate（拖欠率。不能按时还款，意味着你可能会花更长时间收到还款）、Default Rate（违约率。即你可能收不回还款）都是比较低甚至为零的。此外，如果该金融中介组织向借款人收取了利息，就意味着如果出现借款人拖欠贷款等情况，该组织会动用自身的资金还款给投资者以维持自身的信用水平，这可以进一步降低投资者的风险。①

第四节｜**众筹融资**

世界上最早建立的众筹网站是于2001年开始运营的美国的ArtistShare，被称为"众筹金融的先锋"，这家最早的众筹平台主要面向音乐界的艺术家及其粉丝。2009年美国众筹网站Kickstarter的上线被认为是互联网众筹融资崛起的标志。近几年，众筹模式在欧美国家迎来了黄金上升期，发展速度不断加快，在欧美以外的国家和地区也迅速传播开来。数据显示，截至2012

---

① 佚名：《KIVA：一个独特的羊毛》，http://www.3798.com/archives/909.html?replytocom=493，2014—03—18。

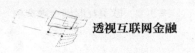

年，众筹融资的全球交易总额达到170亿美元，同比提高95%。

具有代表性的股权众筹平台有英国的Crowdcube（全球首个股权众筹平台）、美国的Fundable，非股权众筹平台有美国的Kickstarter和Indie GoGo、拉美的Idea.me等。

股权型众筹平台Crowdcube

Crowdcube成立于2011年2月，是成立最早的股权众筹平台。截至2013年11月，Crowdcube已经成功募集超过1500万英镑的资金，项目支持人数超过5万人，已经为超过80个公司成功募集资金。

Crowdcube所采取的是直接股东模式，即通过线上平台成功投资的投资者将直接成为该企业的股东。一旦投资者成为公司的股东，投资者将会收到所对应的股权证书并在公司登记注册。需要特别注意的是，投资者通过Crowdcube平台所投资的股份往往分为A股和B股，这两者的区别是：A股的投资者没有企业决策的投票权，与优先股较为类似；而B股的投资者拥有企业决策的投票权。

Crowdcube的收费模式也与一般的金融平台不同。企业如果通过Crowdcube平台成功融资，平台向融资方征收融资总金额的5%的费用；如果融资不成功则不收取费用。除此之外，还要另外再收取1750英镑的额外费用：其中1250英镑需要支付给律师以处理相关法律文件；另外的500英镑需要支付给平台公司，以作为处理股权证书的费用。

Crowdcube平台所设定的每个公司的最低目标募集金额为1万英镑，没有上限，而Crowdcube建议，从经验来看，企业将募集金额设定在10万到15万英镑通常更容易成功。从统计数据来看，募集资金成功的公司的目标金额设定之间也有着较大的差异，所有募集资金成功的公司的募集金额平均值约为18.7万英镑，但金额最大的一笔单次募资曾高达190万英镑。从募集资金成功的公司的投资者人数分布上看，参与投资者最多的为649人，最少的为1人，平均约为78人，平均每个投资者的投资金额约为2500英镑。Crowdcube完成得最快的一次融资仅仅用了2.5天。[①]

众筹崛起标志Kickstarter

在越来越多的众筹平台当中，Kickstarter最具有代表性。它成立于2009年4月，是当前全球最大也是最成功的众筹平台，从2010年开始实现盈利。

Kickstarter对自身的定位是"全球最大的创意项目融资平台"，也就是说它是一个非股权类的综合性众筹平台。在其上进行众筹的项目可以分为艺术、漫画、舞蹈、设计、时尚、电影和视频、食物、游戏、音乐、摄影、出版、技术以及剧院共13类。

在Kickstarter的商业模式中涉及的四个主体，分别为融资人、捐助者、线上众筹平台以及第三方支付机构。

项目融资人在线上融资平台上发布自己的项目，并预设融资额、融资时长以及参与者所投资的不同出资额将会获得的不同回报——这些回报可能是各种形式，可以是一个产品样品，可能是用捐助者的名字对项目进行命名，也有可能是项目中的一部分的源代码，但不能是资金回报。

捐助者可以为自己所中意的项目进行各种层级和额度的投资，可以投入10美元，也可以投入1万美元。如果一个项目在发起人规定的时间内达到了预设的融资额，那么融资就实现了成功，参与众筹者也会在项目完成后，按照之前约定的条约获得相应的回报。与之相反，如果在规定时间内，融资数目没有达到预定的标准，那么已经筹集的资金还会再返还到众筹者各自的账

[①] 姚文平：《互联网金融》，中信出版社，2014年。

户中。

Kickstarter平台会在每个项目对外发布前对其进行评估，只有通过平台审核的项目才能被发表出来。在项目融资成功之后，Kickstarter会扣除融资总额的5%作为佣金收入。第三方支付机构是众筹交易过程中最为重要的资金托管与交易平台。所有涉及交易的资金都需要首先全部打进第三方支付机构之后才能进行转账，第三方也会依照交易额的大小收取3%到5%不等的交易费用。由于在美国，当涉及直接货币传输交易的时候，一些州规定要求货币传输证，Kickstarter并没有自己构建资金托管和传输平台，也在一定程度上避免了这些成本与风险。

在2013年一年中，Kickstarter平台上共有300万用户参与了金额总计达4.8亿美元的项目众筹，平均下来每天筹集的金额有130万美元，其中有超过80万用户参与了至少两个项目的众筹，有8.1万用户参与了超过10个项目的众筹，但是最终众筹成功的项目只有不到两万个。2013年参与Kickstarter众筹的用户分布在全世界七大洲的214个国家和地区，甚至还有来自南极洲的用户参与到了众筹活动中。[1]

第五节 | 互联网银行

互联网银行最初指的是纯线上的直营银行，这些银行通常不通过传统的营业网点和柜台提供服务，而是通过电话、信件、ATM以及后来的互联网和移动终端来提供传统实体银行机构所提供的服务。互联网银行最早出现于20世纪80年代的欧美国家。1995年10月美国SFNB的成立是互联网银行诞生

---

[1] 王子威：《投中观点：互联网金融模式现状专题研究》，投中研究院，http://research.chinaventure.com.cn/report_864.html，2014-05-23。

的标志。美国由于其在互联网技术的发展和应用方面有着较为明显的优势，其在互联网银行方面的优势越来越明显，互联网银行的数量也最为集中，可以在一定程度上说，美国互联网银行的发展情况和趋势基本就代表了全世界互联网银行的发展状况和趋势。[①]

但在互联网金融不断发展的过程中，原有传统线下商业银行也逐渐建立互联网银行金融门户网站，可以线上处理银行业务，互联网银行的概念外延有所扩充。

没落的首家互联网银行SFNB

1995年10月18日，世界上第一家非实体的网络银行——安全第一银行（SFNB）在美国诞生。它是由三家银行和两家计算机公司联合共同成立的、由美国联邦银行管理机构批准成立的一家全交易型的网上银行。SFNB的运营完全依赖互联网来进行，其服务范围主要包括：电子及利息支票业务、货币市场、基本储蓄业务以及信用卡等等。由于收取的费用相对低廉，在成立一年后，SFNB就已经有了约7000个储户，总存款额超过2000万美元，发展非常迅猛。

但是由于资金运作的渠道较少，受营业网点、从业人员等纯网络银行内在固有的缺陷的限制，SFNB很难像传统国际大银行那样，将专业的金融服务技能作为其核心竞争力，以灵活地运用各种各样的金融工具来套取利润，而是主要以网络操作的便捷性和更高的储蓄利率吸引客户，这就导致了客户粘性不足，机构营利能力较为单薄的情况。正基于此，SFNB公司一直没有能够获得盈利。之后随着大银行加快自身电子银行的布局并逐渐降低运营成

① 王子威：《投中观点：互联网金融模式现状专题研究》，投中研究院，http://research.chinaventure.com.cn/report_864.html，2014-05-23。

本，纯线上银行的优势就逐渐消失了。1998年SFNB除技术部门以外的所有部门被加拿大皇家银行以2000万美元的价格收购。[①]

中产客户理财平台ING Direct USA

ING Direct USA是荷兰ING集团为了拓展其在美国的零售银行业务而设立的子公司，ING Direct在美国获得成功之后，其模式就迅速地被复制到了西班牙、法国、德国、英国等许多国家。

ING Direct USA有着下面几个显著的特点。

第一，目标客户群明确。ING Direct将其目标客户群体特征界定为：中等收入阶层，非常重视储蓄存款的利息收入增长，非常不满于传统金融服务所需要耗费的大量时间，有网络消费的习惯，经常在网上购买日常用品或者进行休闲消费，年龄介于30—50岁之间。或者简单来说，这个消费群体规模庞大，他们最看重的是较高的储蓄回报和尽可能节省时间的交易过程。在确定这个目标客户群之后，ING Direct USA为了尽量保持客户群体的同质性以降低成本，每年需要清除掉约3500名需要个性化金融服务的"异质"客户，而这也为银行节省了每年100万美元以上的成本。在营销方面，ING Direct USA根据客户的群居特征，注重通过口耳相传的方式来进行推广营销，其40%的增量客户来自于原有客户的推荐或介绍。这种模式使得ING Direct USA获取一个新客户的成本仅为100美元左右，远远低于传统银行的300—400美元。除此之外，由于这个目标客户群体普遍有网络消费的习惯，他们在银行站点上所花费的平均时间约为16分钟，也远远小于传统银行用户所需要的60分钟。ING Direct USA通过这种方式将网络维护的成本也降到了

---

① 王子威：《投中观点：互联网金融模式现状专题研究》，投中研究院，http://research.chinaventure.com.cn/report_864.html，2014-05-23。

最低。

　　第二，"薄利多销"的经营策略。这种策略主要表现为通过更高的存款利率吸引更多存款，通过更低的贷款利率发放更多贷款。互联网直营银行相比于传统银行有其天然的竞争优势，其没有分支机构，没有庞大的员工工资开支，能够以较少的支出维持正常的运转。也正基于此，ING Direct USA才有能力采取这种"薄利多销"的经营策略。

　　ING Direct USA凭借有限的资源，通过提供独特的服务满足了特定客户群体的需求，实现了快速发展，在开始营业6个月后，其客户数量就已经超过了10万人。不断增加的客户群体又反过来为其进一步推行"薄利多销"的经营策略提供了充足的资源支持。

　　第三，在产品方面的策略上，针对直销渠道的特点，ING Direct USA只提供有限的产品选择，从而更加易于客户进行尝试；通过关联，当场即可从活期账户中获取资金；专注于简化的"自助"银行产品，可便于消费者进行独立自助管理；没有最低存款额度方面的要求，消除了客户对存款最低额度的担心。①

　　ING Direct USA最开始提供的是不收取手续费和没有最低存款额度要求的、高利息收益率的储蓄存款账户，在之后又推出了从半年到5年不等的CDs产品。在资产配置方面，ING Direct USA开展的主要是可调整利率的房地产抵押贷款业务，最高的贷款额度为200万美元，贷款申请流程全部可以在线上完成，平均只需要7分钟。这种给客户提供高回报收益和简单快捷的交易过程的模式给ING Direct USA带来了巨大成功。

　　随着银行客户数量的增加，其需求除了追求储蓄利息收入的增长，也开始较多地涉及日常交易和结算。虽然ING Direct USA在客户的要求下对过去

---

① 王子威：《投中观点：互联网金融模式现状专题研究》，投中研究院，http://research.chinaventure.com.cn/report_864.html，2014-05-23.

单一的现金账户结构进行了调整，开始为客户建立了电子支票账户，但其仍然坚持"薄利多销"的经营理念，给客户的支票账户带来4%左右的高额利息回报，而后这成为了银行新的存款增长来源。同时，尽管整体上支票账户的成本支出相比储蓄账户维护成本要高一点，但无纸化的支票业务最大限度地降低了纸张和人力方面的成本支出。

第四，从提供服务的渠道来看，由于不设立线下的实体网点，提供服务以在PC网页端和手机移动端为主，ING Direct USA选择了客户可以最近距离接触的分布在洛杉矶、纽约等城市的ING Direct咖啡馆作为提供服务的实体渠道，将咖啡馆的店员培训为金融顾问，使其能够以简洁的方式为客户提供相关的金融服务建议。同时，客户或潜在客户可以通过喝咖啡、上网讨论自己的理财决策，这也就使得咖啡馆成为其主要的线下服务网点。

ING Direct USA在美国零售银行市场增长潜力巨大。2006年，美国零售银行的市场总规模约为6万亿美元，ING Direct USA以470亿美元的存款规模占据了其中0.8%的份额。其中，在零售银行存款总额占美国全部零售银行存款总额40%的这些区域中，ING Direct USA所占的市场份额为1.3%。ING Direct USA依靠其独特的经营策略，成为美国最大的直销银行和第四大零售银行，与此同时还在以每月10万名的新增客户和10亿美元新增存款的速度保持增长。2011年6月，全美领先的Capital One Financial以90亿美元的价格收购了ING Direct。[1]

---

[1]　肖立强、罗毅、邹添杰：《金融专题之直销银行——银行业的沃尔玛？ING Direct的成功经验和启示》，招商证券，http://www.newone.com.cn/researchcontroller/detail?id=118571，2013–09–22。

第六节 | 互联网证券

美国是开展网络证券交易最早的国家，也是网络证券交易经纪业务最为发达的国家。美国网上证券业务是伴随着互联网的普及和信息时代的到来而迅速崛起的。网上证券交易，主要包括网上开户、网上交易、网上资金收付、网上销户等四个环节。

美林证券（Merrill Lynch）、嘉信理财（Charles Schwab）和E-TRADE是美国券商当中非常有特点的三家，它们各自有着个性鲜明且都取得成功的经营模式。

痛苦变革发展网络经纪的嘉信理财

嘉信网络经纪业务崛起的过程是一个痛苦的破茧过程，其成功在很大程度上归功于包括创新基因在内的其自身功底的积累以及外部竞争环境的变动——E-TRADE的率先创新使嘉信感受到非常大的压力。嘉信理财发展自身网络经济业务的过程，开始于一名年轻软件工程师的越级上报行为，而这最终突破了公司内部的层级与制度。网络交易打破了公司原有的营利方式和渠道，也最终使嘉信理财的网络经纪部门成长为全行业的领头羊。

1985年，嘉信从技术角度首次涉足互联网：设计了被其内部称作"均衡器"（The Equalizer）的计算机接入服务。但由于当时的互联网使用的社会基础尚未成熟，广泛使用的只有DOS系统，且全美国只有5%的人会使用计算机，这使得它在当时只是边缘产品，并没有引起广泛的关注。然而这一系列的小创新为后来互联网经纪业务上的突破打下了重要的基础。

1992年，E-TRADE作为一家小公司开始通过美国在线（America Online）、康柏服务（Compuserve）等互联网公司提供线上交易服务；1994

年，E-TRADE启动了第一个线上交易专用网站，将佣金降低至了14.95美元/笔，而此时嘉信的佣金还处在65美元/笔的水平上。Ameritrade也在此时加入了线上经纪业务的竞争。但此时，E-TRADE和Ameritrade两个竞争者的规模都还比较小，并没有对嘉信原有的业务造成明显的影响。

嘉信公司零售业务部的年轻软件设计师威廉·皮尔逊（William Pearson）看出了互联网技术中所蕴含的革命性力量，因而向他的直接上级提出：如果按现有的发展模式不变，不抓住互联网带来的机遇，嘉信将在未来失去竞争力。他还制定出了研制嘉信自有网络经纪业务的一系列计划和建议。但这一计划并没有引起他直接上司的兴趣。幸运的是，一次偶然的机会，皮尔逊接触到了公司的高层，并越级进行了上报，他的想法得到了公司最高层的肯定与批准。在这之后，在公司高层的安排下，嘉信开始进行互联网经纪业务项目的研究与开发。项目最初的重点工作是将互联网作为平台，使嘉信内部的各个信息系统能够实现相互对接。在感受到这一项目的困难以后，嘉信的首席信息官道恩·勒普尔（Dawn Lepore）将各个部门联合起来，继续推进这一项目的开发工作。

随着竞争对手的逐渐发展与壮大，嘉信开始感受到来自网络券商的竞争压力。这种压力主要体现在两个方面：第一，许多优秀的人才开始离开嘉信而选择加入E-TRADE，这其中包括后来出任E-TRADE总经理的凯茜·莱文森；第二，E-TRADE不断从价格上向嘉信发起挑战，嘉信此时的佣金依然高出E-TRADE一倍以上，只能依靠自身的增值服务与品牌认知度作为应对线上券商价格挑战的竞争资本。

在各方的竞争压力下，嘉信最终研制出的线上交易系统的性能超越了当时的所有竞争者。这一程序让嘉信的服务系统能够随时接收从个人电脑上发出的委托交易指令，并将其传到嘉信公司的高级后台系统和主机上，主机执行命令后再将确认回执发送回到个人电脑上。当时其他公司虽然有线上交易系统，但均缺乏整合，效率也相对较低，需要把个人电脑接收到的指令打印出来，再靠人工输入主机的交易系统。相比较于其他公司的系统而言，嘉信公司的方法是全新的，更是突破性的。到1995年年底，嘉信引入了继电话服务、分公司战略之后的第三大渠道战略——PC与互联网战略。在这一年之中，嘉信公司的股价上涨了74%。与此相对应的时代背景也呈现同样的特征：正是在1995年，全美销售的个人电脑数量第一次超过电视机数量。

开端已经很不容易，但互联网战略的深入推进却是一件更加困难的事情。相比于E-TRADE这样的新生力量而言，嘉信面临着巨大的困难，这主要体现在两个方面：第一，新旧系统、新旧部门之间需要进行整合与取舍；第二，新旧客户渠道的冲突与制约也亟需得到解决。这些都反映了企业现有利益格局的调整。

为了推进这一战略，嘉信的高层做出了一个重大的决定：建立一个独立的机构来推进网络交易，并且做好了这个新机构未来会将现有的嘉信公司吞噬掉的心理准备，这个新的机构就是e-Schwab。e-Schwab于1996年正式创建，在起初阶段非常低调，但是随着在e-Schwab注册的客户数量迅速增加，它与原嘉信公司的矛盾变得越来越激化，例如，嘉信原有经纪业务部门已经开始限制经纪人与e-Schwab客户沟通的次数。此外，由于两套业务模式的并存，不可避免地出现了定价双轨制的问题：新的网络经纪业务的费率显著低于嘉信原来的经纪业务的费率，在这种价格双轨制的模式下，大量客户从原有嘉信转向新兴的佣金更低的e-Schwab。

从短期来看，这是一件非常痛苦的事情：客户从高佣金转向低佣金，将使公司在短期内付出非常大的代价。据嘉信在1996年的测算，这一转变将使公司减少1.25亿美元的收入。作为一家上市公司，嘉信的股票价格将因此面临极大的负面影响。由于当时嘉信员工持有公司40%以上的股票，这一转变的推进所面临的内部阻力非常的大。在对公司内部阻力的处理中，公司高层高调支持全新的e-Schwab，即使这将使原有的嘉信逐渐被侵蚀消失。整个1997年，全嘉信公司工作的重点都是将原有嘉信整体并入e-Schwab。这一过程完成后，原先的价格双轨制彻底消失，e-Schwab取得了最后的胜利。

1998年，完成整合的嘉信公司踏上了新的起点。但由于变革带来的佣金费率的大幅下跌，公司一季度销售收入下降了3%，公司股价大幅下跌。到1998年夏末，公司市值从111亿美元下降至87亿美元，降幅超过20亿美元。公司市值下降近1/3使得全公司都感受到了实实在在的打击。嘉信公司总裁对此评论道："华尔街只看到能预测到的事情，却看不到突破性的变革。"幸运的是短痛并未持续太久，变革所带来的长远好处开始逐渐显现出来。线上交易在减少嘉信成本的同时，迅速增加了嘉信的客户数和交易量。半年之后，嘉信的开户数量从300万增加至620万。公司股价也逐渐稳定了下来，然后开始逐渐回升，截至1998年年底其股价已经达到了230亿美元，是夏季末低谷时期的两倍多。这一趋势的确立，使嘉信在网络经纪业务上逐步成为全行业的领头羊。[①]

纯粹网络证券经纪公司E-TRADE

E-TRADE创立于1992年，这之后不久，就赶上了美国第二波佣金降价的浪潮，并成为美国佣金价格战的重要先驱。目前其佣金费率在相同服务水平的各券商中处于最低水平。在用户黏性上，E-TRADE一直是美国关注率和点击率最高的券商之一，领先于其竞争对手嘉信理财两倍以上。

E-TRADE的第一个显著特点是以网站为中心的营销推广体系。E-TRADE点击率较其他券商更高的原因主要有：第一，注重网站宣传，网

---

① 王松柏、杨腾：《环境变迁、市场竞争与自我变革》，信达证券研究报告，2013-09-26。

站的投入很多；第二，网站的使用界面清楚、易于操作，用户体验好；第三，对于自身金融证券业垂直门户网站的定位，为客户提供了丰富的相关信息，内容涵盖银行、证券、保险及税务等各个方面。

E-TRADE的第二个显著特点是全方位零售网点的拓展。1997年起，E-TRADE开始大举扩张其在全球市场中的占有率，与America Online以及Bank-One形成策略联盟，进军澳大利亚、加拿大、德国和日本，随后又进军英国、韩国和中国香港等国家和地区。与此同时，E-TRADE大举拓展其零售网点的覆盖范围，在美国建立了五个"财务中心"，分布于纽约、波士顿、丹佛、比弗利山庄和旧金山；并通过全国各地的"金融社区"（Financial Zones）深入其触角，此外，E-TRADE还有超过1.1万个自动柜台机供其客户使用。

E-TRADE的第三个显著特点是内含丰富的信息资讯。E-TRADE为客户提供了丰富的信息内容和研究报告，并与安永合作为客户提供财经资讯服务。E-TRADE通过买下Tele-bank，强化了其金融垂直网络服务的策略。除去证券信息之外，E-TRADE还提供房屋贷款服务、保险产品、税务及网上金融顾问服务等等客户可能会关注的金融资讯。

总的来说，E-TRADE作为网络证券经纪公司的杰出代表，其最主要的竞争优势还是在于其较强的技术开发能力以及便捷的网上交易通道。由于未设立实体营业网点使得成本大大降低，同时还以折扣方式吸引对价格较为敏感且对服务质量要求不高的客户，所以E-TRADE仅提供面向低端客户的通道服务，客户的所有交易均在网上完成，平均每笔佣金也只有10美元。

第七节 ┃ 互联网保险

　　欧美国家的互联网保险业务主要包括代理与网上直销两种模式。代理模式主要是通过和保险公司形成紧密的合作关系，实现线上保险交易并进而获得规模经济效益，其主要优点在于庞大的网络辐射能力可以更为有效地覆盖大批潜在客户。网上直销模式则更有助于提升企业形象，帮助保险公司开拓出新的营销渠道。

　　据相关统计，当前大多数发达国家的互联网保险行业已经发展到了相对成熟的阶段，美国部分险种的线上交易额已经占到市场总量的30%—50%，英国2010年车险和家财险的线上销售保费分别占到所收保费总额的47%和32%。

　　由于在互联网技术方面的领先优势和完备的市场经济环境，美国依然是互联网保险发展最早的国家。在20世纪90年代中期，美国多数保险公司就都已经发展出了网上经营业务，比较有影响力的有InsWeb，Insure.com，Quicken，Quickquote，SelectQuote，等等。

　　在美国的互联网保险企业中，比较典型的是创立于1995年2月的InsWeb。InsWeb是全球最大的保险超市网站之一，其主要营利模式是为消费者提供多家与之合作的保险公司产品的报价并进行横向比较，以帮助消费者做出更加优化的购买决定。此外InsWeb还为代理人提供消费者的个人信息以及投保意向，并因此向代理人收取一定的费用，将出售保险产品获得的佣金作为营业收入的主要来源。与其他网站不同的是，InsWeb的注册保险代理人不需要缴纳会员费。InsWeb还在其网站上设立了学习中心，提供有关保险的文章以及常见问题的解答等服务。InsWeb最初主要提供汽车险的网上报价，之后逐步拓展到了定期寿险、住宅保险、健康保险等多种类型的线上保险产品，目前它已经覆盖了汽车、房屋、医疗、人寿，甚至宠物保险在内的种类非常齐全的保险业务范围。InsWeb曾在纳斯达克上市，在业界享有非常高的声誉。

但是好景不长。由于保险产品大多较为复杂，通常需要代理人与客户面对面的讲解，单纯依靠网络难以迅速而全面地了解产品的性质，保险产品的这种特征导致绝大多数保险产品并不适合借助互联网渠道进行销售，因此InsWeb公司主要销售的还是相对简单的车险和意外险，但仅靠这两个险种是难以维持公司长久生计的。长期的亏损终于导致了股价的一路狂跌，2011年下半年，InsWeb被美国著名个人理财网站Bankrate收购，InsWeb在被收购前的三个季度的收入仅为约3900万美元，这与美国万亿美元左右的保费相比几乎可以忽略不计。①

_____

① 王子威：《投中观点：互联网金融模式现状专题研究》，投中研究院，http://research.chinaventure.com.cn/report_864.html，2014−05−23。

第十章
日本互联网金融案例

第一节 | 全能网络金融的SBI控股集团①

SBI控股公司成立于1999年，是日本网上金融服务的先驱企业，它在互联网进化普及和金融自由化不断深化的大背景下，建立起了独具特色的网络金融企业集团体制。SBI集团的前身是软银投资，其主要业务有金融服务、基于创投的资产管理和生物科技等等，其中金融服务业务是公司最主要的业务。

SBI的核心业务及其特点

在互联网进化普及和金融自由化不断深化的大背景下，SBI集团着重构建基于网络环境的金融世界，提出了"三个一"的服务模式：第一，"一张

---

① 本节参考自《研报：中信建投：日本互联网券商启示录》，www.seomayi.com/person trends/103401.htm

清单"，即将客户所需要的不同金融服务的比较在一张清单中加以呈现；第二，"一站式服务"，即一家金融机构提供各种各样的金融服务，以满足客户的各种需求；第三，"一对一"服务，即客户经理对个人客户提供咨询服务。在互联网思维的指导下，SBI较早践行推广了网络证券，之后在网络证券成功的基础上又进军到了网络银行和互联网保险业务，同时还广泛开展其他与金融相关的业务，形成了两大特色。第一，金融服务全能化，即以证券、银行和保险为三大支柱，还包含了信托、租赁等业务，形成了一站式提供证券、银行、保险、房贷等满足各种金融需求的独特金融生态体系；第二，客户国际化扩张，截至2013年3月月底，SBI证券、住信SBI网络银行、SBI财产保险等集团企业在全球20多个国家开展业务，客户数超过1500万人，并在日韩两地上市。

SBI集团网络金融服务生态系统的核心竞争力在于集团网络金融子行业之间的协同效应，以及进而达到的使集团整体的效益大于各部门效益之和的效果。它有以下几个主要特点：

第一，坐拥证券、银行、非寿险、寿险以及支付清算服务系统五大核心模块；

第二，通过打通核心业务创造协同，带动集团收入实现快速增长；

第三，着重打造核心业务线，关注业务线内部协同来保证其相应快速增长，强调差异化；

第四，将以SBI Plaza为代表的"线下一对一"渠道作为集团的"基础设施"，通过整合线上线下资源，全面推进核心业务线的增长；

第五，积极向海外推广SBI核心业务线，力求在各国金融服务行业都占有一席之地。

SBI集团核心业务线之间的协同

首先是网络证券和网络银行的协同。

SBI集团最早将网络证券作为切入口进军到互联网金融领域。随着日本网络证券行业的迅速发展，SBI的线上证券开户数迅速增加，行业占有率也从1999年的3.2%增长为2012年的13.6%。SBI证券非常注重收益来源的多样化，通过扩充FX以及投资信托、外国债券等等日本国内股票之外的金融工具，以实现丰富收入结构的目的。此外，SBI证券在"线上线下"结合方面做得非常好。通过对SBI证券客户的年龄结构进行分析发现，接受线上服务的客户年龄主要集中在20岁到40岁，而接受线下服务的客户主要集中在50岁到70岁。不难看出年轻一代对互联网有着更高的接受程度与粘性。

同时，住信SBI网络银行是SBI集团与三井住友信托银行共同出资成立的提供"24小时、365日全天候服务"的完全的网络银行。2007年，依托于其所积累的网络证券的客户基础，公司正式进军网络银行领域，与之伴随的就是其客户账户数量和资产总量都出现了飞速的增长。

SBI的两条核心业务线——银行和证券，彼此之间有着良好的协同效果。第一，实现功能的叠加，即用户界面可以同时展示用户在SBI银行和其线上证券的账户，二者之间可以便捷地转换；第二，追加保证金的自动转账，即当SBI证券的信用账户需要进行额外保证金的补充时，资金会从SBI银行的账户中自动划拨；第三，SBI高收益存款，即将用户可用于股票交易、保证金交易以及SBI证券交易获得的收益余额进行整合，随时反映SBI账户在SBI证券中的购买力；第四，一次性开户，即客户可以一次同时开通股票和证券账户。由于银行提供的贷款利率有较强的竞争力，再加上SBI证券的协同效应，SBI证券客户通过上面的途径大量直接入驻SBI网络银行。在2012财年，在SBI新开设账户的投资者35%也都同时在SBI网络银行开立了账户。

其次，是网络保险与其他子板块的协同。

保险业务同样是SBI互联网金融体系中的重要组成部分。由于互联网运营成本较低，SBI旗下的财险公司所提供的费率在全日本都处于最低的水平。SBI集团内部的各个子公司，如SBI证券和SBI网络银行，都为其线上保险合同提供了便捷的销售渠道。

SBI互联网保险产品品种较为丰富，目前主要涵盖车险、癌症保险，并承销合作企业的火灾保险、地震补偿保险、海外旅行保险，此外公司还通过收购英国保城集团旗下的PCA人寿保险公司，将在近期进军寿险，进一步丰富产品线。

此外，还有SBI证券和SBI Liquidity Market的内部协同。

金融危机以来，SBI加大了对外汇交易的支持，其所代理的外汇交易量迅速增长，这主要得益于公司在2008年推出的SBI Liquidity Market外汇交易平台。该平台将18家欧美的主要银行作为交易对手，为SBI证券中的外汇交易账户提供了非常有竞争力的外汇报价和流动性支持，使SBI证券的代理成交量和账户数迅速增长。

网络金融专业技术的海外输出

SBI特别注重其网络金融服务的海外输出，诸如俄罗斯YAR银行的网络化、印度尼西亚BNI Securities的经营合理化及其网上交易系统改善等。

2013年10月，SBI宣布与中国陆家嘴集团和新希望集团签署合作备忘录，计划共同在上海自由贸易区开展金融创新业务，SBI在日本互联网金融业务领域积累的专业知识经验加上中方合作伙伴的管理资源，再与地方政府的支持一起形成合力，将有望在中国开辟一个全新的金融市场。SBI这一知名全能互联网金融集团在自贸区开展业务，将会大大加快中国互联网金融创新的步伐。

SBI集团的成功经验

SBI抓住了互联网金融革命的机遇，构建了自身金融生态系统，将提供"一站式金融服务"作为战略目标，注重网络证券、网络银行和网络保险等服务的协同，以及线上与线下的结合，在线上关注简单的金融产品，在线下关注复杂的金融产品，以实现用户体验的提升。SBI还注重对客户进行细分，不断推出创新的金融产品，最终成为日本最成功的互联网金融集团之一（表10-1）。

表10-1　SBI集团成功经验总结

顺时而动	网络革命	看准互联网加速发展与深化的趋势，通过网络证券迅速扩张交易账户、托管资产和个人股票
	金融自由化	在网络证券成功的基础之上，拓展网络银行和网络保险；充分发挥集团子公司之间的协同效应。网络存款余额迅速增长，车险合约也迅速增长。网络证券和网络银行协同开展"SBI高收益存款"；销售三井住友银行的"网络专属房贷"，形成与集团的协同
	加速海外业务发展	在2008年金融危机之后，注重拓展海外业务，定位新兴市场；与海外投资基金和金融机构合作开展投资和金融服务业务。分散风险
顾客中心主义	满足多样化需求	线上：为客户提供低手续费的金融服务、高利息的金融产品、金融产品的比较一览，提供有吸引力的投资机会、安全可靠的服务以及丰富且优质的金融信息；线下：通过SBIMONEYPLAZA注重客户体验，增强机构销售团队，以强化富裕人士市场的开拓；网络银行业务注重细分客户，开发满足客户需求的新产品、新服务。如近期的，以个人客户为目标群的目的贷款——"Mr.目的贷款"以及女性专用房贷——"安吉丽娜"等新产品

（续表）

金融生态体系 和核心业务	追求协 同效应	SBI早期注重规模的扩张，集团金融相关子公司数量庞大； 2010年开始明确银行、证券及保险协同效应强的战略，对 协同效应弱的子公司进行推进上市或者剥离。强化金融服 务业的三大核心业务

第二节 ┃ 日本"阿里"：乐天集团

日本乐天（Rakuten）集团的发展路径与中国的阿里巴巴非常相似，都是从电子商务巨头开始寻求转型，并逐渐发展成为互联网金融巨头的。乐天集团最早在1997年开始进驻电子商务领域，当时在日本网络购物还是一个人们并不熟悉的全新概念。至今，乐天已经有了超过8200万注册会员，在2012年隶属于集团核心业务的电子商务购物和图书销售的成交额超过了1万亿日元。在转型开始之后，乐天将其业务划分为互联网服务、互联网金融和其他三大部分，目前互联网金融方面的业务已经贡献了全公司营收的36.1%，这也使乐天成为全世界范围内互联网金融业务开展得最为成功的电商。

乐天的互联网金融生态体系

乐天集团的创始人出身于金融领域，且乐天集团最先主营的电商平台以及之上积累的大量真实的基础交易数据，为其打造网络金融生态体系提供了得天独厚的优势。乐天金融涉及证券、信用卡、银行、保险、预付卡等等诸多领域，成功地打造了全方位立体的金融生态系统。其金融系统充分利用集团各个领域之间的协同效用，为电商平台上的客户提供了优质而全方位的金融服务。

　　乐天进驻互联网金融领域的意图主要有以下四点：第一，增加用户对乐天集团服务的黏性；第二，扩大电子商务购物和旅游领域，从每一个客户那里发掘价值；第三，通过信用卡和电子货币等线下支付方式来增加公司的收入；第四，增加乐天金融服务生态系统中的交叉范围，增加协同效应。

乐天信用卡

　　乐天在2004年9月以74亿日元的价格收购了信用卡贷款公司AOZORA，之后在2005年6月又以120亿日元的价格收购信用卡公司"国内信贩"，开始发行以集团名称命名的信用卡"乐天卡"。此举之后，近年来用户使用乐天信用卡购物的交易金额迅速增加，信用卡收入在集团互联网金融业务的收入中占到了四成。

　　乐天集团的互联网金融体系中的信用卡业务和其电子商务平台的关系最为紧密。日本的信用体系较为发达，排在在线零售市场前三位的支付手段分别是信用卡、货到付款和银行转账。对于超过七成交易都是通过信用卡来支付的"乐天市场"而言，控制住信用卡是影响用户消费的重要手段。

　　消费者的消费记录可以作为发行信用卡的授信依据。因此"乐天信用卡"是乐天集团金融生态体系发展的核心。信用卡的推出促进了消费信贷，同时还可以为集团带来手续费收入。此外，信用卡在线上线下均可实现支付，是开展"O2O"部署的关键。

乐天证券

　　乐天集团于2003年11月收购了日本DLJ Direct SFG证券公司，并在2004年7月将其名称变更为"乐天证券"。2013年，乐天证券的开户数接近150

万，所托管资产接近2.3万亿日元。

金融业务的开展显著扩大了乐天集团的业务范围。乐天证券发展的战略定位非常清晰，即通过线上证券业务与集团之前的电子商务业务板块相互促进。就线上证券业务自身而言，乐天证券排在SBI证券之后，是日本排名第二的网络证券公司。乐天证券的主营业务有国内外股票以及信托、债券、国内外期货、外汇、基金、贵金属等等。与SBI证券一样，丰富的金融产品给投资者带来了一站式的投资体验。

乐天银行

乐天银行是在e-BANK Corporation的基础上成立的。e-BANK成立于2000年1月，核心业务是互联网结算，网络银行的低廉成本使其非常有竞争力。2009年2月乐天收购了e-BANK，之后将其更名为乐天银行，成为日本目前最大的网络银行。

乐天银行的战略意图非常清晰，即通过与集团其他领域服务的合作形成协同效应，再通过这种协同效应为顾客带来更加全面、优质的服务。

乐天收购e-BANK的主要目的在于获得其业界领先的支付结算能力，这样就可以为乐天金融生态体系中的会员带来更为便利的支付结算体验，同时银行的吸储功能可以为乐天带来大量的资金。目前乐天银行的业务账户可以分为个人、个体业者和企业三类，主要业务涉及借记卡发行、境内外转账、支付、日元存款、外币存款等诸多领域。此外乐天银行网点众多，可以在日本全国大约6万台ATM上免手续费取款。

乐天集团内部的协同

如果说SBI集团金融生态系统下的协同效应是包括线上证券、线上银行和互联网保险在内的各条核心业务线彼此之间的协同，那么从电子商务平台起家的乐天集团也可以看成是从不同的两个层面来发挥协同效应的：电子商务与互联网金融之间的协同，以及互联网金融系统内部各细分领域之间的协同。

打通电子商务平台和互联网金融各细分领域的关键是消费者在乐天集团所获得的"积分"。乐天金融生态系统中广泛适用的积分规则是，接受乐天的任何一项服务消费满100日元之后可以获得1个积分，而每个积分又可以兑换为1日元，可以在乐天提供的所有服务中使用。

网络银行和网络证券之间产生的协同效用是非常明显的，这与SBI集团的模式相类似。乐天银行与乐天证券的服务是通过"Money Bridge"的服务打通的，有了这项服务，银行用户可以随时将存款转移到乐天证券的账户中进行投资。

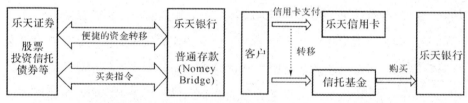

图10-1　乐天证券、信用卡、银行、基金内部协同

乐天的会员通过使用乐天信用卡购物，形成了大量的应收账款，这些应收账款的债权被乐天银行购买。乐天互联网金融体系中的用户，可以通过投资相应的信托基金来投资这些以乐天信用卡应收账款为基础打造的高收益金融产品。乐天集团庞大的客户基数和各种各样的金融服务，使资金可以保持在乐天的金融生态系统内部的"闭环"中流动，同时创造更多的收益。

第三节 | 纯粹的互联网金融公司Monex

Monex证券成立于1999年，其创始人松本大早年曾就职于高盛，他敏锐地预见到了在互联网大潮的推动下，日本"佣金自由化"将使互联网证券公司在散户市场获得巨大收益。由于高盛无意开拓零售业务，松本大就辞职和索尼公司共同创建了Monex在线证券公司。

起初在技术层面上，Monex在系统开发和解决网络环境的稳定与安全上有着大量的投入，而这也就奠定了其一直以来在互联网证券领域技术上的领先优势。Monex最为显著的特点在于其不断强化系统的交易功能，不断增加交易的品种，以求不断改善投资者的交易体验。在本土发展到一定程度之后，Monex开始通过一系列并购，积极向海外延伸以扩大客户基础。

Monex是日本程序化交易的先锋，它所提供的交易系统具备程序化交易的功能，可以便利地进行下单，可以自由设定界面进行趋势检索，还有着非常丰富的下单委托功能，使投资者可以精确地设定买卖时间以确保收益并进行恰当的风险管理。2002年Monex还在其系统中引入了信用交易的止损功能。

除去股票、基金和债券之外，2003年Monex还推出了针对外汇保证金交易的交易平台MonexJoo，借助它来向投资者提供有竞争力的外汇定价，同时向新手开放了门槛较低的外汇交易品种，并在手续费上设定一系列的优惠。2005年，公司通过产品设计上的创新，把全球范围内的PE和对冲基金以FOF的形式进行整合后推出，使个人投资者可以参与到之前机构资本才能参与的资产投资中。增加交易品种，本身也是为了使公司的收入来源变得更加分散和合理。Monex还逐渐加大对投资基金业务的重视，以增加资产管理费收入的形式来减少公司总收入的波动。这些本身也都是在金融市场化的背景下，优秀券商不断寻求改革和转型的明智之举。

Monex注重提高网站使用的便捷性，以改善用户体验，不断完善网页的功能设计。它甚至还开发出了能够为特殊需求提供投资建议的智能结构，实现了根据每个客户的风险承受能力、投资目的、保有资产等情况的差异，提供个性化的投资顾问服务的目的。

从2005年开始，Monex走上了并购和海外扩张的道路。2005年，Monex收购了Nikko Beans；2010年，它又收购了在日本市场份额排名第七的另外一家互联网证券公司ORIX，并吸收了其庞大的客户，使得公司当年营业额突破300亿日元，仅次于SBI；2012年，Monex收购了索尼银行的全资子公司索尼银行证券，进一步扩大了自身的客户规模。

在海外拓展方面，Monex2008年在北京设立了代表处；2010年在香港收购了宝盛证券；2011年收购了美国的在线代理公司Trade Station Group，迅速增强了公司在国际上的影响力。当前Monex集团的收入约七成来自日本本土，三成来自美国。

Monex从开始进入互联网券商领域，对自身的定位就是"让个人投资者能够享受到机构投资者才能享有的产品和服务"。作为纯粹的互联网券商，面对激烈的竞争和来自各方面的压力，其成功主要依赖于不断改善的交易功能、不断增加的交易品种以及不断增强的客户体验，并通过一系列的并购进行扩张，在日本竞争异常激烈的互联网证券领域占据了一席之地，成为一家专注于服务个人投资者的国际性综合金融集团。[①]

---

① 魏涛：《日本互联网券商启示录》，中信建投证券研究报告，2014-04-11。

第十一章
中国互联网金融案例

第一节 ｜ 中国互联网金融巨舰阿里金融

毋庸置疑，在当前中国互联网金融的版图中，阿里金融占据着重要的江湖地位，它独树一帜，虽争议不少，但至今风光无限。阿里巴巴董事局主席马云将阿里巴巴的未来定位为"平台、金融和数据"三大核心业务，阿里金融在未来的势必发展成为阿里巴巴集团的重心。分析中国互联网金融结构，不可能也无法绕过聚光灯下的阿里金融。本部分就详细分析阿里金融走过的十多年历程、布局的五大板块以及未来的发展猜想，从过去、现在和未来三个角度全景展示阿里金融的战略布局。

阿里金融的前世今生

阿里巴巴在打造了覆盖B2B、B2C和C2C的全方位的强大商务平台之后，将金融作为了自身的新目标，而它在这个过程中所抓住的商机，正是其

在商务平台建设和运营中发掘的资金流。资金流的顺畅流转是企业得以有序运行的前提条件，于是面向小微企业的"小贷"成为阿里金融的开山之作。至今阿里金融已经走过了十多年的历程，我们大致可以将这段时间划分为初步试水、正式推进和全面深化三个阶段（图11-1）。

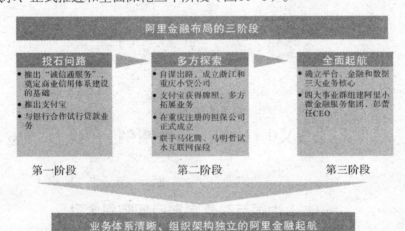

阿里金融布局的三阶段

投石问路	多方探索	全面起航
● 推出"诚信通服务"，奠定商业信用体系建设的基础 ● 推出支付宝 ● 与银行合作试行贷款业务	● 自谋出路，成立浙江和重庆小贷公司 ● 支付宝获得牌照、多方拓展业务 ● 在重庆注册的担保公司正式成立 ● 联手马化腾、马明哲试水互联网保险	● 确立平台、金融和数据三大业务核心 ● 四大事业群组建阿里小微金融服务集团，彭蕾任CEO
第一阶段	第二阶段	第三阶段

业务体系清晰、组织架构独立的阿里金融起航

图11-1　阿里金融布局的三个阶段

阿里金融的初步试水——数据和信用体系的构建是在2002年到2010年间。

基于电子商务平台所累积的海量数据和由此构建的信用体系是阿里金融在当今中国互联网金融行业中最具优势的地方，是其基于电商平台运营挖掘出金融产业链中核心要素而实现爆发的关键所在。

阿里巴巴数据和信用体系的构建最早是在2002年。当时阿里巴巴推出了"诚信通"的会员服务，主要为从事贸易的中小企业推出会员制的网上贸易服务，要求申请企业在交易网站上建立自己的信用档案，并将其展示给买家。2004年3月，阿里巴巴在此基础之上又推出了"诚信通指数"，即通过一套评价标准体系来对会员的信用状况进行系统的评估。这种信用交易的记录真实地反映了企业的生产、经营和销售情况，具有非常强的参考意义和价值，这也是整个阿里金融运作的基础，称得上是阿里金融的最初发端。

2003年5月，阿里巴巴推出了以C2C业务为核心的淘宝网，并于同年10月宣布了支付宝的成立。2004年12月浙江支付宝网络科技有限公司成立，并很快正式上线，开始独立运营支付宝网站（www.alipay.com）。到2010年，支付宝的用户数量突破了3亿，其功能也在被不断地强化，应用领域也不断地被拓宽，相继推出了公共缴费、卖家信贷、快捷支付等等一系列的特色服务。

在这一过程中，阿里B2B业务"诚信通服务"平台的运营思路被运用到了淘宝上，经过几年的努力，阿里巴巴围绕淘宝搭建起了完备的信用评价体系。随着阿里巴巴和淘宝业务的不断发展，阿里所积累的商家信用数据库所涉及的企业越来越多，评价体系也在被不断地完善。正因为具备了这样的基础和资源，阿里巴巴也开始有意识地利用自己在数据层面的资源和银行进行合作，以求探索构建以数据为基础的金融体系。

2007年5月，阿里联合建设银行和工商银行面向企业推出贷款产品，阿里巴巴受理贷款的申请，将申请的企业在阿里商业信用数据库中所积累的信用记录交给银行，由银行进行审核并最终决定是否发放贷款。

2009年，为增强与银行合作而设立的网络银行部从B2B业务中被拆分出来纳入阿里巴巴集团，来负责阿里集团旗下所有子公司平台的融资业务，之后又更名为"阿里巴巴金融"，实现了组织架构的独立。

这是阿里金融初涉金融领域的阶段，围绕阿里巴巴和淘宝商家建立起来的商家信用数据库成了日后阿里金融的基础与核心竞争力，以消费者为主要用户群体的支付宝和与银行合作的贷款产品则成了阿里在消费端和企业端金融探索的开始。在这一阶段，通过与银行的合作，阿里巴巴对贷款的流程以及在这个过程中的风险控制有了初步的理解。

在2010年到2012年这段时间里，阿里金融开始正式推进。2010年年

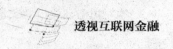

初，阿里金融与银行不欢而散；6月，浙江阿里巴巴小额贷款股份有限公司成立，这标志着阿里金融的信贷业务步入正轨。2011年6月，重庆阿里巴巴小额贷款公司也成立起来，标志着阿里小贷进入扩张期。

阿里小贷的目标客户群体是一般难以从银行取得贷款的小微企业，以商家信用数据库和阿里信用评价体系作为支撑，无需抵押品，小微企业凭借自己的信用情况在网上申请贷款，办理流程快捷，支取、停用也十分方便。

在这一阶段，支付宝业务也取得了重大进展，2011年5月，支付宝顺利拿到了央行颁发的第一张"支付业务许可证"，并且其用户数量也突破了7亿大关。支付宝仍在不断地拓宽其业务范围，例如上线商家服务平台，收购安卡支付以进军国际航空支付，加强支付安全保障，获得基金第三方支付牌照等等。

在第三方支付和信贷领域已经打下稳固基础的阿里巴巴继续不断拓展新的领域，开始进军保险和担保业务领域。2012年9月，网上传出马云联手腾讯的马化腾、平安集团的马明哲共同成立众安在线财产保险公司的消息，注册资本10亿元，主要业务领域为互联网保险。在差不多同一时间，同属马云旗下的阿里巴巴、淘宝和浙江融信网络技术有限公司联合在重庆注册成立商诚融资担保有限公司，注册资本3亿元，公司法定代表人为马云。

在短短不到三年的时间里，马云在第三方支付、信贷、保险、担保等领域都落下了重要的棋子，阿里金融的业务架构也具备了雏形。

也正是从这时候开始，阿里金融进入了全面深化的阶段。

2012年9月，马云高调宣布阿里巴巴的金融战略，表示阿里巴巴集团将从2013年起开始转型，重塑平台、金融和数据三大核心业务，阿里巴巴要重建一个金融信用体系，并先后进行了一系列相应的组织和人事调整，以使之更加适合金融业务的发展。

此后围绕这三大业务，阿里巴巴步入了调整期。2013年年初，阿里巴巴集团架构调整为25个事业群，构成了平台和数据业务的雏形。同年2月，围绕支付宝和阿里金融，阿里巴巴宣布将支付宝拆分为共享平台事业部、国际业务事业部以及国内业务事业部，再加上原先的阿里金融，共同组成了阿里金融业务的四大事业群。这四大事业群各自有所侧重，主要面向消费者和小微企业提供金融服务。3月，阿里宣布在四大事业群的基础之上筹备组建阿里小微金融服务集团。自此，阿里金融的整体业务板块和组织班底正式确定下来，阿里金融作为集团的重要组成与电商平台业务共同存在，成为阿里下一个十年的战略重点。

五大板块构筑阿里金融

经历了十多年的发展，阿里金融形成了消费者金融和小微企业金融服务两大板块，统属支付宝、阿里小贷、商诚融资担保、众安在线和一达通五大核心业务，涵盖保险、担保、支付、信托等等多个领域。

首先是第三方支付平台——支付宝。

在阿里金融的体系里，支付宝起步较早，也是发展得最好的一个板块。截至2012年12月，支付宝的注册账户已经突破8亿，日交易额峰值超过200亿元人民币，日交易笔数峰值达到1亿零580万笔。根据易观智库（EnfoDesk）最新数据，2012年中国第三方互联网在线支付市场交易规模达38039亿元，支付宝占据46.6%的市场份额，在互联网支付领域，支付宝占据绝对的领先地位。

目前，支付宝已经将移动支付领域作为布局的重点，先后推出了条码收银、条码支付、摇摇支付、二维码扫描支付、"悦享拍"、声波支付等多种特色移动应用服务。2014年12月开始推出的新款的支付宝手机客户端，不是简单地将网上支付宝平移到手机终端上，而是可以绑定多张银行卡，可以

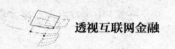

进行个人账单管理，同时也可以管理各种优惠券、会员卡、球赛门票、礼券等等，相当于实现全方位覆盖的个人金融管家，这无异于"以用户账户为中心"的移动金融应用的雏形。

未来支付宝发展和完善的重点，第一是要继续向更多如基金市场、证券市场等支付领域深入渗透以巩固其在互联网支付中的领先地位；第二是要加快推进移动支付和线下支付的布局以抢占市场先机；第三是要基于现有庞大用户基数和平台业务，加速推进消费金融领域的创新。

支付宝拥有庞大的用户群体，所涉及的业务也与消费者的日常生活紧密相连，因此它是当前阿里面向消费者最为重要和核心的金融工具，也必将成为未来阿里消费金融创新的重要支点。

第二个板块是作为小额信贷的阿里小贷。

小贷和微贷是阿里金融的重要组成部分，在阿里金融体系中推出得也较早。借助"诚信通""诚信通指数"等积累的数据建立的"网上征信系统"是阿里金融得以成功运行的基础。阿里巴巴的信贷业务主要是通过在浙江和重庆的两家小贷公司进行的，两家公司的注册资本共计16亿元人民币，最多可以发放24亿元人民币的贷款。

当前阿里小贷提供两种不同类型的贷款——淘宝贷款和阿里巴巴贷款。其中淘宝贷款主要面向天猫、淘宝和聚划算的卖家，分为订单贷款和信用贷款两种；阿里巴巴贷款主要面向阿里巴巴的会员。淘宝、天猫和聚划算的商户由于其业务经营的所有过程均在淘宝平台上完成，并留下了全部数据信息，可以通过系统为其自动评价，放贷的全部过程都可以在网上自助完成，而B2B业务放贷的流程中仍保留有实地勘察环节，由阿里金融委托第三方机构在线下执行。淘宝贷款并没有地域的限制，全国的淘宝、天猫以及聚划算的卖家都可以进行申请。而阿里巴巴贷款则有较为严格的地域限制和要求，在初期主要是向江浙沪的付费会员开放，从2012年7月份也开始向江浙沪的阿里巴巴普通会员开放。

就贷款的数量和额度而言，阿里小贷中的80%为淘宝贷款，这部分贷款通常的最高额度为100万元；20%为阿里巴巴贷款，通常最高额度为300万元。

第三个板块是作为互联网保险的众安在线。

2013年2月，马云、马明哲以及马化腾联手成立众安在线财产保险公司，注册资本金为10亿元，其中阿里巴巴控股19.9%，平安、腾讯和携程分别占股15%、15%和5%，此外还有多个网络科技公司参与持有剩余股份。众安在线的最大特点是除了注册地上海之外，在全国不设立任何分支机构，完全借助互联网完成销售和理赔服务。

第四个板块则是作为金融担保的商诚融资担保有限公司。

2012年9月，马云旗下的阿里巴巴、淘宝和浙江融信网络技术有限公司联合在重庆注册成立了商诚融资担保有限公司，注册资本为3亿元。

阿里巴巴进入担保业的一个目的是拓展小贷所覆盖的范围。这一方面是因为小额贷款目前的地域限制与审批监督非常严格，无法进行跨省市经营，小贷公司如果要想在其他地方扩张，必须在其他省份重新注册成立新的公司，在这一过程中所耗费的成本非常大；另一方面相比于小额贷款不得高于1.5倍的杠杆比率而言，担保的杠杆率可以达到3倍，这在一定程度上等于放大了公司的贷款额度。

最后一个板块是用于投资并购的一达通。

2010年11月，阿里巴巴收购了深圳市一达通企业服务有限公司（简称"一达通"）。一达通是国内首家采用B2B形式的外贸出口服务商，成立于2001年，主要业务是借助互联网的平台为中小微企业的进出口外贸提供通关、运输、保险、码头、外汇、退税、融资、认证等全程系列式的服务。

一达通设有自己的金融中心，主要通过与中国银行等传统金融机构合作开发面向中小微企业的信用证融资、备货融资、货款买断、远期外汇保值等方面的金融服务产品，以全面满足中小微企业在贸易各个环节的资金和风险控制需求。金融中心下面有四个子部门——国际结算组、综合管理部、产品项目及风险控制部以及融资顾问部，分别负责国际结算、融资操作及管理、金融产品开发和风险控制等工作。

阿里立体化的金融平台战略

从支付宝到小微贷款，再到担保和保险，阿里巴巴在金融领域里不断排兵布阵，步步为营。马云曾多次表示，阿里不是干互联网的，更不是干电子商务的，阿里只是为中国互联网和电商参与者搭建商业生态系统提供服务支持的。马云还表示："中国不缺少金融公司，但中国还缺少一家真正专注服务中小微企业的金融服务公司。"阿里集团围绕阿里巴巴、淘宝、天猫以及支付宝等平台上的大量商家与消费者建立信用数据库和信用评价体系，以信用数据库与信用评价体系为阿里金融的核心竞争力。从长期来看，以数据和信用为核心面向消费者和中小微企业的"阿里号"金融平台正在一步一步地被搭建起来。[①]

第二节 | 悄然发力的互联网巨头腾讯金融

腾讯作为全球互联网领域四强，占据中国互联网领域的诸侯地位，依仗即时通信领域的霸主地位和多年经营塑造的品牌形象，优化服务已经成为渗透到腾讯骨髓中的卖点与信念。互联网金融市场强调服务超越的特点必然会

---

① 贞元：《详解阿里金融十年发展路线》，http://www.huxiu.com/article/12156/1. html，2013-03-29。

引起腾讯的兴趣,腾讯试图打造金融帝国的巨幕实质上早已经悄然开始,与腾讯过问金融网游、门户等领域一样,腾讯展开全面的金融领域布局依旧显得"润物细无声",却"招招精彩"。

打造财经王者品牌

腾讯对于互联网媒体的发展特点有着深刻的理解,通过一个领域的意见领袖影响大众的思想是事半功倍的,甚至是可以起到决定性作用的。腾讯的广告收入已跃居至三大门户网站首位,但这仍不能掩盖其在专业资讯领域的弱势,腾讯是从社交网络起家的门户,长于活跃度和互动性强,但是缺乏有广泛影响力的用户,这也就使得其门户内容更偏向于快餐娱乐化,难以体现深度和权威。[①]

为了弥补这一硬伤,进军需要深厚行业积淀的金融领域,腾讯早早发力,在价值媒体与专业咨询领域开展深度布局。2012年5月,腾讯在公司架构调整中强调整合网络媒体平台,这一公开报告正式向外界解开了腾讯长达6年以来在传媒领域的建设计划。

早在2006年,腾讯组网传媒巨头、突破专业咨询、提升门户深度的计划就已经起航。

第一,腾讯联合各地方媒体龙头建立区域门户,建立地方经济生活平台。2006年5月到2011年8月,腾讯相继与重庆日报、湖北日报、南方报业等地方龙头媒体合作联合打造腾讯大渝网、腾讯大秦网、腾讯大成网、腾讯大楚网、腾讯大闽网以及腾讯大粤网,形成区域线上媒介覆盖和打造地方生活网络平台。

---

① 索菲:《腾讯的金融帝国梦》,http://www.prnasia.com/p/lightnews-1-63-4927.shtml,2012-08-01。

腾讯在一连串扩张区域生活网络平台的过程中，非常聪明地继续发挥强大传播环境的威力，充分挖掘和培养意见领袖。作为最擅长于互动性的网络媒体，腾讯利用自己在即时通信工具QQ上的存量优势，采取将门户与之进行捆绑，向用户推送资讯的方式。通过这种独特的模式，腾讯网仅用了3年就超越新浪成为国内流量最大的门户网站。

第二，腾讯开始正式布局深度高端财经，采取以入股为主的方式，深入从传统纸媒到新兴网络财经专业资讯媒体的各类型财经媒体。2011年12月，腾讯入股益盟操盘手，建立起了属于自己的股票行情资讯系统；早在2011年7月，腾讯入股在国内有着广泛影响力的财新网，在入股财新网之初，腾讯就明确地表达了其在财经媒体这一领域的野心：财新拥有专业的采编和经营团队，以及高质量原创财经新闻的能力，而腾讯多年来已经积累了运营中国访问量最高的门户网站与社交媒体的经验，因此双方将会在多方面开展战略合作，通过合作可以把高质量的财经新闻推送给更广泛的读者群体。到2012年腾讯收购财新，可以视为腾讯正式完成其财经媒体领域规划，深度布局基本成型，打赢了进入金融领域的第一场战役。

深入最具诱惑力的股票软件和数据分析领域

纵观腾讯的发展历程，不难发现腾讯想涉足的领域通常有这样的特点，竞争对手多半对商务、对利润、对资本感兴趣，却不一定把握客户的真正需求，至少竞争对手在用户体验等方面存在忽视的问题，之前腾讯进入即时通讯领域打败ICQ，网游领域打败联众世界，很大程度上都在于利用微创新改善用户体验；其次，不拒绝已经被开发乃至已经被预判饱和过剩的领域，重点在于腾讯看到能和自身优势相结合的部分和潜在创新要点；其三，互联网创新商业模式未被大规模推广，通过商业模式变换能够产生短期突破性效果的领域更加受到青睐。

基于这些特点，腾讯在进军互联网金融领域时，选择对象为股票软件也就不足为奇了。该领域长期软件思维浓厚，收费模式陈旧，用户体验一般，改善空间大，与互联网联系紧密度不高，部分陷入僵持阶段，盈利状况不佳。腾讯立足自身优势，在该领域很快完成布局。

2011年，腾讯收购了益盟操盘手20.2%的股权，这也标志着腾讯正式进军证券领域。益盟操盘手于2002年成立，2008年5月获得了上交所level-2行情的授权。2009年12月获得了深交所level-2行情授权。截至2011年年末，益盟的Level-2数据产品用户数的市场占有率已经接近了1/4，成为电脑网络股票产品的第一名；而益盟的手机类产品的用户数量更是长时间稳居行业第一。腾讯拥有庞大的终端用户群体，而益盟操盘手在股软行业拥有强大的综合实力，二者强强联手，在传统股软行业掀起了一轮洗牌。

入主益盟操盘手后，腾讯在原来操盘软件的基础上，利用自身技术优势和市场导向全新观念对系统做出了全新调整，着重强调用户体验，在收购了益盟操盘手20.2%的股权后，很快就推出了腾讯操盘手。这款软件在功能和外观等方面做了很多创新，与传统炒股软件比较，有下面几个优势（表11-1）。

表11-1 腾讯操盘手与传统炒股软件对比

属性	腾讯操盘手	传统炒股软件
便捷性	免注册，QQ号也能炒股，较便捷	注册程序烦琐
安全性	不涉及电话、身份等隐私，较安全	涉及电话号码等隐私
免骚扰	没有营销电话的骚扰	电话营销，骚扰用户
创新性	可微博互动	无

　　腾讯在诸多传统行业屡屡出手都取得成功的原因，最重要的应当是其数量巨大的用户群和与之伴随的海量的用户数据。在艾瑞咨询公布的2011年"中国用户黏性最强和最佳的即时通信软件"排名中，腾讯旗下的QQ高居榜首。7.2亿的用户群，加上全媒体覆盖的跨平台方案，腾讯操盘手很容易就吸引了比股软同行多几倍的用户量。

　　此外，腾讯还具有强大的数据挖掘分析能力，而这也是传统股票软件无法与之匹敌的一大优势。传统股软公司销售其软件，最常用的方法就是开展人海战术。除此之外，传统股软也会运用互联网进行营销。但是这样做的最大缺点就是增加了公司的经营成本。比如在2011年，东方财富的销售费用占到了其当期营业收入的39.18%；大智慧销售费用占到了其当期营业收入的32.36%；同花顺销售费用占到了其当期营业收入的11.80%。尽管成本巨大，然而结果并不那么尽如人意。究其原因就是无法真正了解用户，往往是强迫用户适应自己的产品，而不是产品适应用户。

　　相反腾讯坐拥海量用户数据，对于客户需求的把握则到位得多。通过分析用户的个人信息，可以将用户依据职业、受教育程度、兴趣爱好、年龄、性别等等分到不同的类别。通过这些分类，腾讯可以更好地掌握用户的需求和偏好，从而有针对性开展业务，做到有的放矢地进行产品研发与销售。

立志爬上金融行业金字塔的顶端

　　曾经有人这样描述腾讯：中国第一、全球第三大的互联网公司，一家全球罕见的互联网全业务公司，即时通信、门户、游戏、电子商务、搜索等等无所不做。它总是默默地布局、悄无声息地出现在你的背后；它总是在最恰当的时候出来搅局，让同业者心神不定。而一旦时机成熟，它就会毫不留情地划走自己的那块蛋糕，有时它甚至会成为终结者，霸占整个市场。

腾讯坐拥有7.2亿用户的社交网络、流量最大的门户网和最实效的全媒体营销平台，腾讯自2012年以来在金融领域的一系列布局使得我们不得不开始认真思考：腾讯对金融版图的建设目标到底在哪里？金融板块中，腾讯截至目前的设计愈发表明其希望建成一个集投资咨询业务、资产管理业务、理财产品销售业务、基金销售业务、保险代理等于一身的财富管理平台。

腾讯所覆盖的股票用户以中小散户为主，是与券商客户定位完美吻合的潜在用户群。据2009年腾讯报告，QQ上现有商业金融群约11万个，平均人数以80人计，保守估计，覆盖用户也有100万左右。当前券商经纪业务的状况也变相支持着腾讯未来这一可能的决策方向。目前券商经纪业务因为股票市场不力承受着巨大压力，开始向投资顾问业务、财富管理业务转型。除了50万以上的高净值人群，普通的用户也有其财富管理的需求，特别是在经历了熊市之后，社会公众把财富交给专业人士来进行管理的需求变得更为迫切，同时这也是和证监会的目标相吻合的，即扩大机构投资者的规模，促使部分风险承受能力或经验知识不足的散户退出市场，使股票市场更具理性。

如腾讯进军券商领域，只需参股某中小型券商，就可以很容易地获得经济业务和投资咨询资格的牌照，然后通过腾讯操盘手和券商交易软件进行捆绑，从而将存量券商客户带入腾讯网或者即时通信工具；同时，腾讯也可利用其自身的技术优势为股票经纪和投资咨询业务开发专门的沟通工具，带入行情和高端数据等以增强证券客户的活跃度。

腾讯不仅虎视券商经纪、资产管理业务领域，更是低调地在外围布局以突入银行业板块。

《国务院关于鼓励和引导民间投资健康发展的若干意见》已明确提出鼓励民营资本进入金融领域，特别是在当前中小企业融资困难、缺乏良好的融资平台的状况下，民营资本进入金融领域，有利于改善当前中国银行业的系统性风险，引导过剩的民间资本流向社会生产领域，缓解中小企业融资难的

问题，增加微观经济的活力。

2014年3月，银监会主席尚福林在"两会"记者会上表示，首批五家民营银行分别在天津、上海、浙江和广东开展试点。按照披露的十家参与试点的民企名单，浙江的两家民营银行将分别由阿里巴巴、万向控股、正泰以及华峰集团联合筹建。腾讯和百业源组建的民营银行拟注册在深圳前海。

阿里巴巴很早就已经提出民营资本进入银行领域，高调布局银行板块，此番获批只不过是让市场预期正式实现。相比之下，腾讯布局银行领域则显得低调许多，闪电式进入试点名单引发市场热议。腾讯拥有财付通在线支付平台和QQ等最好的销售平台，在小额支付业务上比阿里更具优势。此外，2014年开始，腾讯充分利用地缘优势，与深圳前海深港现代服务业合作区成立的小贷、产业基金与电商公司，为小微企业版图布局，主要业务方向就是电商和互联网金融，总注册资金约为16亿元人民币。

2014年7月，银监会批准以腾讯、百业源、立业为主发起人，在深圳市设立前海微众银行（WeBank）。腾讯对该银行持有30%股份。微众银行背靠腾讯，具备将当前庞大的用户资源"变现"、提供针对个人的消费贷款业务的潜能，发展空间巨大。作为一个拥有7亿多用户的社交网络公司，更为关键的是腾讯掌握了众多的个人信息，在大数据时代，无论从经济利益的角度来看，还是从社会利益的角度来看，这些数据和信息的价值和意义是难以估量的。金融数据产品市场只是金融市场的一个很小的细分领域，当然腾讯的目标也远不止于此，互联网金融数据产品的利润虽然已经很高了，但仍没有达到整个金融金字塔的顶层，如何让用户把自己的金融生活从现实社会转移到互联网平台是腾讯打造金融帝国的梦幻蓝图的核心问题。

图书在版编目（CIP）数据

透视互联网金融 / 何珊，陈光磊，谌泽昊著. —杭
州：浙江大学出版社，2016.3
ISBN 978-7-308-15557-1

Ⅰ.①透… Ⅱ.①何… ②陈… ③谌… Ⅲ.①互联
网络-应用-金融-研究-中国 Ⅳ.①F832.2

中国版本图书馆 CIP 数据核字（2016）第 001146号

透视互联网金融

何 珊 陈光磊 谌泽昊 著

策　　划	杭州蓝狮子文化创意有限公司
责任编辑	罗人智
责任校对	陈 园 杨利军
出版发行	浙江大学出版社
	（杭州市天目山路 148 号　邮政编码 310007）
	（网址：http://www.zjupress.com）
排　　版	浙江时代出版服务有限公司
印　　刷	杭州钱江彩色印务有限公司
开　　本	710mm×1000mm　1/16
印　　张	14.5
字　　数	190千
版印次	2016年3月第1版　2016年3月第1次印刷
书　　号	ISBN 978-7-308-15557-1
定　　价	39.00元